社長！あなたの給料、下げちゃダメですよ！

経営者に本当に必要な、経営直結型「使える税金本」

●税理士
坂本　千足

まえがき

社　長「先生、前からもめてた例の売掛金、今度の決算で落とそうと思うんだけど、いいよね」
税理士「例のって、あの深夜に電話で泣きを入れて来たっていう例のヤツですか？」
社　長「そう、アレ。だって、もうほぼ１００％入って来ないんだから」
税理士「いやぁ、無理ですよ、社長！　だってあれ、相手は『何とかお支払いしますから、少し待って下さい』って言って来ただけなんでしょう」
社　長「いや、あれ『払います』って言ってるだけで、実際、もう払うつもりないんだよ。……エッ？　そんなんじゃダメなの？　何で？　おかしくない？　お金入って来ないんだよ！」

こういう会話、何度も経験しました。でも、ダメなんです、〝税金的〟には。
「何で？　おかしくない？　お金入って来ないんだよ！」って叫んだ社長の気持ち、よ〜く分かります。相手から「何とかお支払いします」って言われた時に、それが本当に「何とかお支払いできる」状態なのか、単なるその場しのぎの言い訳に過ぎないのか、今までの取引経験や業界での評判などを聞いていれば、大体、予想がつくことも多いはずです。

でも、残念ながら、そんなことでは税務署は会社の希望を「ハイ、どうぞ」とは認めてくれません。そんなこと認めていたら、会社の好きなようにされて、ちゃんと税金が取れないことになってしまうからです。ガチガチに事実を積み上げていって、客観的にもうゼーッタイ取れないということがハッキリしない限り、会社の損失として認めようとしないんです。

経営者の〝常識〟と税務署の〝常識〟が、正面からぶつかり合うところです。ぶつかり合うといっても、税務署は〝法律〟や〝通達〟という武器を持って戦いを挑んできますから、経営者が彼らと互角に勝負できるというわけではありません。勝負は自ずと経営者側にとって大変きびしいものにならざるを得ないというわけです。

このように、「法人税」を理解しにくくしている「三重苦」のひとつ目は、経営者の〝常識〟、いいかえると世間の〝常識〟と税務署の〝常識〟が大きく違っているという点（一方的に、どちらが正しいとか、間違っているとかいう意味ではありません。念のため）にあります。

さて、「三重苦」の2番目は、法人税を説明する際の「専門用語」の分かりにくさです。まぁ、これは法人税に限った話ではありませんが、どんな〝専門分野〟でも、専門用語というのはシロウトにとっては厄介なものです。一度覚えてしまえば、何かと便利な〝専門用語〟も、そこに行きつくまでに大抵の方はめげてしまいます。

それに加えて税務の専門書の多くが、細かな計算方法や適用要件の説明に終始し、規定そのものの目的や趣旨への理解が抜け落ちるという本末転倒なことがしばしば起きていることも、法人税を分かりにくくしている原因のひとつと言えるでしょう。

本書では、専門用語は最低限必要なものだけに絞って、先ずは、その規定が設けられた目的や趣旨、そして経営者には「これだけ理解してもらえば大丈夫！　後は専門家におまかせ下さい」というところを目標に説明をおこなって行きます。

「三重苦」の最後は、法人税が「会計」をその計算の基礎にしながらも、さらに、そこに税法独自の様々な調整を加えたうえで、「会計」とは別の利益を計算しなければならないということです。

「会計」とは別の税法独自の利益？　メンドクセェー！

……（汗）、まぁ、そうおっしゃらずに、この本をお読みください。法人税法とはつまるところ税金を取るための法律です。「会計」に一応の敬意を払いつつも、「この収入をプラスしろ」「その費用は認めな～い！」と数々の〝横ヤリ〟を入れてきます。この〝横ヤリ〟が法人税を分かりにくくしているわけです。でも、ここが分かると法人税の理解がいっきに進みます。

経営者の方は、細かい規定は専門家に任せて、先ずは、アウトラインだけを理解してください。

というわけで、今まで理解しようと思ってもなかなかできなかった法人税のことが、本書を読み終えるころには、スッキリクッキリ理解していただけるようになっています。これからは、社長ご自身で、

「いや、それは法人税ではさぁ……」

って、まわりの方に〝自慢げに〟話をなさってください。

社長ならきっとできます。
（注）本書は平成23年4月1日現在の法令、通達に基づいており、平成23年度税制改正法案の内容は一切、反映されておりません。今後、法令等の改正が正式に決定された場合には、私のホームページ（http://chitax.jp/）にて詳細な解説を行いますので、ご参照下さいますようお願いいたします。

著　者

1章

「税額」はタイムサービスでかしこく計算しよう

2章 社長！ あなたの給料、下げちゃダメですよ

CONTENTS

6章

〝更生〟できない不良少年はサッサと切り捨てる？

CONTENTS

1章

「税額」はタイムサービスでかしこく計算しよう

エーッ！　あそこって法人税払ってないんだ⁉

のっけからクイズです。

「ＮＨＫは法人税を払っているでしょうか？　いないでしょうか？」

（答）ＮＨＫというのは法律上「公共法人」ということになっています。……コウキョウホウジン？「公益法人」っていうのは聞いたことあるけど、「公共法人」って聞いたことないなぁって？　そう、確かにあまり一般的には聞かない名前ですね。

公共法人って「政府とか地方公共団体がやるべき公共的な事業を代行する団体」のことで、他には国立大学法人とか中小企業金融公庫なんていうのがあります。で、法人税法では「公共法人は法人税を納める義務がない」って規定されています。

ということで、答えは「払っていない」が正解です。意外でした？

では次は、これもみなさんよく御存じの「日本赤十字社」。ここはどうでしょう？　法人税を払っているでしょうか？　いないでしょうか？

答えは……「払っている」です。

「エーッ！　じゃあ、ナニ？　献血って商売でやってんの？」って。いや、別に献血は商売でやってるわけじゃないですけど……。

「日本赤十字社」っていうのはたくさんある「公益法人」のうちのひとつです。「公益法人」っていうのは公益を目的とする事業を行う法人（あたり前か！）で、具体的には学校法人、宗教法人、財団法人なんていうのがそうです。だけど、まぁ、公益を目的としながらも、一部はちょこっと〝お金儲け〟なんかもしてるわけです。食べなきゃいけませんから。この〝お金儲け〟の部分を「収益事業」っていいますが、ここの部分には法人税がかかります。

たとえば、宗教法人が持ってる土地を駐車場として貸し付けたり、線香やロウソクなんかを売ったりした場合は「収益事業」です。法人税法ではあらかじめ「収益事業」として34種類のものが決められています。「物品販売業」だとか「不動産貸付業」なんていうのがそうです。

では、最後にもう一個。これまたみなさんよく御存じの農業協同組合、今はJA（ジェイ・エー）なんて言った方が通りが良かったりしますが、あそこはどうでしょう？

答えは……もちろん「払っている」です。これは何となくわかりますよね。ただし、農業協同組合をはじめとする「協同組合」の税率は一般の会社に比べて低くなっています。一般の会社が30％であるのに対して、協同組合は22％です。

7割が赤字。まともに税金払ってるとこってどこなの？

ということで、「公共法人」は税金を納める義務がないし、「公益法人」は収益事業っていう

〝お金儲け部門〟のところの収入だけが法人税の対象です。「協同組合」はすべての収入に法人税がかかるといっても、税率は一般の税率よりも低くなっています。

で、結局、まともに税金払ってるとこって、当然のことながら「会社」ということになります。つまり「株式会社」とか「有限会社」のことですね。他にも少数派ですが「合名会社」とか「合資会社」、最近では「合同会社」なんていうのもありますけど、法人税に関しては扱いは同じです。すべての収入が法人税の対象になります。

ちなみに、平成18年に「会社法」という法律ができて、今、「有限会社」っていうのは新しく設立しようと思っても、もう作ることができません。ゼ～ンブ株式会社になっちゃいました。ただ、昔からある「有限会社」だけはこれを全部、「株式会社」に変えるのも大変なんで、そのままでいいよってなってるだけの話です。念のため。

で、さっき「まともに税金払ってる」って書きましたけど、最近の日本の会社の状況を考えると、どうも、「まともに税金払ってる」とは言い難い。なぜかというと、日本には「会社」って呼ばれるものが約２６０万社あるんですけど、そのうち7割が赤字なんですね。ということは、約１８０万社が税金を払っていないってことになるんです。

日本全体の法人税の収入って２００９年度で約5兆円ですけど、バブルのピークの時（１９８９年）が約19兆円ですから、これってその4分の１しかない。で、これを税金を払ってる残り3割の会社、約80万社で単純に割ると1社当たりの税額って625万円しかないってことになるんです。

世界第2位（今や3位か？）の経済大国で1社当たりたったの625万円の法人税しか払っていないなんて！　なんか「たったそれだけ!?」って思ってしまいますよね。

法人税って「払う」の「納める」の「とられる」の？

さて、法人税に限らず、「税金」というと自然に「納税」だとか「納税義務者」あるいは「税金を納付する」といった言い方がされます。「納付」っていう言葉を辞書で調べると「官公庁などの公的機関に金品をおさめること」となっていて、何だか、しもじもの者がお上に「ハハァー」って恐る恐るものを差し出すような感じです。

英語では「ペイ」、単に「払う」としか言いません。納税義務者もタックスペイヤー（税金を払う人）です。

納付する＝払う
納税義務者＝税金を払う人

まぁ、結果として、我々の払ったお金が「国庫」に入っていくことに変わりはないというものの、「納める」と「払う」では、ずい分と意識の上では違ったものを感じてしまいます。

ちなみに、消費税では、会社は5％分のお金をお客様から預かるだけで、直接負担するわけじゃありません。でも、その預かったお金を1年分まとめて申告書作って「払う」のは会社ですから「納税義務者」ってことになってます。じゃあ、本当に税金を負担する我々消費者は何というかというと「納税者」です。

ワカリニク～イ！

……でしょ。「負担者」とか「支払者」って言わないんですね。あくまで「納税者」。まぁ、日本の場合、憲法で「国民は、法律の定めるところにより、納税の義務を負う」ってなってますから、

仕方ないかぁ！

ところで、「払う」とか「納める」の他にもうひとつ「とられる」ってのがありますね。これって「取られる」のか「盗られる」のか、ン――――、さすがに「盗られる」ってわけじゃないですけど、「取られる」って感じ、……ワカルなぁー！

税金の計算は思ったより簡単。でも40%が税金に消える

前節では、法人税は誰が払うのか――というお話をしました。

さて、「誰が払うのか」が決まったら、次は「どうやって計算するのか」ですが、法人税の

算式をごくごく簡単に書くとこんな風になります。

会社の儲け×税率＝法人税

ね、簡単でしょう。「儲け」が決まったら、税金なんてすぐに計算できてしまいます。じゃあ、その税率は何％かというと、30％です。会社の儲けが1000万円だったら税金は300万円です。ただし、会社の税金は実際には「法人税」だけじゃありません。「事業税」や「住民税」といったものも合わせて払わなきゃいけませんから、こういったものを全部合わせると実際の税率はもっと高くなります。大体40％ぐらいです。1年間一生懸命働いて儲けた結果、その約半分近いお金を持っていかれるって、そりゃ、取られる方はたまりませんわねぇ。

で、この「大体40％ぐらいです」っていう時の「40％」のことを普通「実効税率」って言います。この「実効税率」って言葉は「法人税法」の中には出てきませんけど、実務ではよく使われる言葉です。

会社が払う税金は法人税の他に、事業税や住民税っていうのがあります。住民税はさらに県民税や市民税に分かれます。これらの税金はすべて会社の儲けをベースに計算されます。「実効税率」っていうのは、そういった税金をゼ～ンブ足していった結果、儲けに対して何パーセントになるかを示した率のことです。で、具体的に先ほどの例で見てみると、

法人税：会社の儲け１０００万円×30％＝３００万円
事業税：会社の儲け１０００万円×８・１％＝81万円
県民税：法人税額３００万円×５・０％＝15万円
市民税：法人税額３００万円×12・３％＝37万円

ちょっと、複雑になっちゃいました。ゴメンなさい。合計すると４３３万円、率にして約43％にもなってしまいます。「エーッ！　そんなに！」って、そう、そんなにとられます。

実際には、中小企業の場合、法人税や事業税に一部低い税率が適用されますから、〝実効税率〟はずっと下がることになりますが、その辺の説明はまた後で詳しくするとして、次は、そのちょっとお得な税率の話です。

（注）所得金額に対する合計税額の負担率は43％になります。ただし「実効税率」というのは税金のうち「事業税」だけが翌期の費用となるため、その点を考慮に入れたうえで計算されます。そのため単純な負担率と「実効税率」は違ったものになります。

税率にもタイムサービスがある？　税額はかしこく計算

ところで、法人税の税率が30％というのは、あくまで「原則」です。「原則」というからには当然、「例外」があるわけで、その例外は税率18％ということになっています。

じゃあ、さっきの例で会社の儲けが1000万円だったら税金は180万円で済んじゃうのかって？

いや、そう世の中甘くありません。この18％っていうのは1年間の儲けのうち800万円までの部分にだけ使われる税率なんです。しかも、これが使えるのは資本金1億円以下の中小企業だけです。

で、税額はさっきの例だとこうなります。

①800万円×18％＝144万円

②（1000万円－800万円）×30％＝60万円

①＋②＝204万円

同じ1000万円の儲けでも、大企業だと300万円の法人税が、中小企業だと204万円で済みます。約100万円が浮いたわけですね。

さて、この法人税の原則的な税率30％というのは、当然のことながら「法人税法」という法律で決められています。これに対して例外的な税率の18％の方は、別の「租税特別措置法」（ソゼイトクベツソチホウ）という長ったらしい名前の法律で決められたものです。

この法律は、まぁ、その時々の社会的な要請なんかに基づいて作られる法律で、いわゆる〝時限立法〟といわれるものです。大抵「平成○年○月○日から平成△年△月△日まで」という様に、一定の期間だけ有効であることが条文の中に書いてあります。18％の税率ももちろん期限付きです。税制改正というのは毎年行われますから、このお得な税率もいつまで続くかはわかりません。いわば、税金計算における〝タイムサービス〟の様なものです。ず〜っと続いてくれるとありがたいんですけどねぇ……。

社長、それ大企業の実効税率ですよ。間違えないで下さい！

法人税とそれ以外の事業税や住民税っていう会社の儲けをベースにして計算される税金をゼ〜ンブ足した結果、それが儲けに対して何パーセントになるかを示した率が「実効税率」といわれるということは、先ほど説明しました。

みなさんも「日本の会社の実効税率は40数％で、諸外国と比較しても……」なんていうお話しを新聞やTVでお聞きになったことがあると思います。実は、この実効税率、会社の規模や所得金額によって大きく違ってきます。特に、40数％なんて数字はいわゆる大企業のもので、中小企業の場合はそれほど大きくはなりません。

法人税については、前節でお話ししたように、中小企業は年間800万円までの儲けについては原則の30％ではなく、18％の低い税率が適用されます。

事業税も、大企業は税率が約8・1％であるのに対し、中小企業は所得に応じて税率が3段階に分かれるために、最終的には最大約6・7%の負担で済みます。

こうして計算していくと、仮に税務上の儲けが1000万円の場合は、中小企業の場合、全体の負担税率は30%を超える程度まで下がります。……えっ、それでも高い？　何とかしろ！　って？　ン——、それは私に言われても……。

利益と所得は何が違う。所得は中間管理職の悲哀を体現

さて、今日は決算説明会の日。社長を前に税理士が今期の成績について説明を終え、いよいよ税金の話に移ろうとしたところで……。

社　長「先生、今期は税金の話はいいんじゃない。だって、ホラ、決算書の利益のとこマイナスだよね。利益がマイナスだと税金かからないじゃない」

税理士「……いえ、社長、税金かかります。ホラ、今年の夏、奥さんに賞与払ったじゃないですか。あれ役員賞与なんで税務上費用に認められないってお話ししましたよね」

社　長「うん、それは聞いたけど。……えっ、だからそれ決算書に入ってないんじゃないの？」

税理士「イエイエ、決算書には入ってるんです。会計上は費用ですから。ただ、申告書上は費用に認められないから、申告書の上で費用から外さなきゃいけないって話で。だから、

税金出るんですよ」

社　長「……ナニ、ソレ？　わけわかんないよ！」

確かに、これじゃわかりにくい。なぜ、こんなことになっているかというと、まぁ、それは今からお話しします。

その前に、先ず、法人税はどうやって計算されるのかについてもう一度復習しておきましょう。法人税の計算は、

会社の儲け×税率＝法人税

です。じゃあ、その会社の儲けはどうやって計算するかというと、基本的には、

売上高－費用＝儲け（＝利益）

ってなります。費用のところをもう少し詳しく見てみると、

売上高－（売上原価＋販売費及び一般管理費）＝儲け（＝利益）

こんな感じです。税務上も、売上高や売上原価、それから販売費及び一般管理費などの経費

は会計の考え方をベースに計算することになっていて、それは法人税法の条文でも、「一般に公正妥当と認められる会計処理の基準に従って計算されるものとする」って書いてあるんです。表現メッチャ堅いですけど、わかりますよね、「会計」の立場をちゃんと尊重してやってますよって。

でも、法人税法ってもともと税金を取るための法律ですから、会計上の利益をただだまって「ああ、そうですか」って聞いてくれるわけじゃないんですね。

たとえば、交際費。交際費って、仕事もらうために得意先に飲ませ、食わせする費用ですから、本来は費用です。でも、税務上はこれを費用として認めていないわけです。理由は後からこの本で説明しますけど、ともかく、費用として認めていないわけですから、会計上の利益にプラスしなきゃいけない。

他には、法人税もそう。法人税ももちろん会計上は費用ですが、税務上は費用として認めていない。っていうか、これ認めちゃうと変なことになる。もう何回も言ってますけど、法人税って会社の儲け（＝利益）に対してかかるわけですよ。いくら儲かったかっていうのが、税金を計算する際の土台になるわけですね。簡単に言っちゃうと、税金を引く前の利益が1000万円で、税金は法人税だけ、税率も30％だけだとしたら、税金は300万円。税金を引いた後の利益が700万円ですね。これが普通、「当期利益」っていって、「損益計算書」の一番下に来る利益です。

あっ、「損益計算書」って会社の売上高からいろんな費用をひいて、最終的にいくら儲け(＝利益)が出たかを示すための書類です。

で、税金を引いた後の「当期利益」を基準に税額計算したら、７００万円に30％かけて２１０万円って。じゃあ、さっきの３００万円ってナニ？　ってことになるでしょ。だから、法人税は費用として認めていない、というより認められないわけですよ。

こんな風に、会計上の儲けに交際費や法人税を足していって(もちろん、逆に会計上の利益から引くやつもあるんですけど、それはまた後から説明するということで……)税務上の儲けを出すわけです。だから、原則、同じ理屈で〝儲け〟を計算するんだけど、会計と税法じゃ目的が違うこともあって、いろんな違いが出てくると。で、そこんとこを明確にするために、それぞれ違う言葉で表現するわけですね。

会計：収益－費用＝利益
税法：益金－損金＝所得
益金は「エキキン」、損金は「ソンキン」って読みます。ちょっと、まぎらわしい。えっ？　かなりまぎらわしい？　ン――――、そうかも知れない……。

ともかく、会計上の「利益」が出てきたら、会計上、「収益」じゃないんだけど、税務上は

〝益〟になるものを上に乗っけて「益金」とし、会計上、「費用」なんだけど、税務上は〝損〟って認められないものを引っぺがして「損金」を計算すると。それであわれ、原型をとどめぬほどの「所得」ができあがるわけです。上から攻められ、下から突き上げられ、これって、何かに似てますねぇ……そう、まさに「所得金額」は中間管理職の悲哀を表すものだったんですね。トホホ。

益金ってナニ？ タダであげても売上になる税務のリクツ

さて、前節では「利益」と「所得」は違うというお話をしました。法人税は基本的に会計の考え方を尊重しつつも、会計上の「利益」をただだまって指をくわえて見てるだけじゃなくて、「これは売上に入れろ」「こっちは費用に入れるな」って色々と口をはさんで来ます。

このなんだかんだと言ってくる〝横やり〟を税法では「別段の定め」（ベツダンノサダメ）って言います。そして、この「別段の定め」によって会計上の「収益」は「益金」に、「費用」は「損金」へとヘンシンを遂げるというわけです。

ということで、次はその「益金」のお話しです。「益金」には、先ず、お金もらってモノを売ったり、サービスを提供したり、要は「売上」が最初に来ます。他には受取利息もらっても、保険金受け取っても、「益金」です。後は？　借金、棒引きにしてもらった時の「債務免除益」も「益金」です。

会計上、収益なんだけど、税務上は「別段の定め」でもって収益にしないでいいもの、収益にできないものっていうのがあります。数は少ないですけど。

たとえば、払い過ぎた法人税が戻ってきた時は、会計上、収益ですけど、税務では「益金」から外します。払った時に「損金」にならないから、戻ってきた時は逆に「益金」に入れないという理屈です。

モノやサービスの提供は、今、お金をもらった時に「益金」になるって言いましたけど、実は、タダであげても税法上は「益金」になります。

タダであげても「益金」ってなんだか釈然としませんけど、本当は100万円するモノを、相手が親族のやってる会社だからって、タダでやった場合なんていうのがそうです。

先ず、いったんは100万円でモノを売って、お金もらうんだけど、その代金を後で相手にくれてやったと見るわけです、税法は。

つまり、いったんお金もらったから「売上」ですねと。でも、その後で、お金返したんだからそこの部分は「寄付金」ですよねということになって、これも後でお話しますけど、寄付金って、ほんのちょっとしか費用に認めてもらえないんで、まぁ、売上だけが大部分たっちゃうと。

じゃあ、立場を変えて、もらった方はどうかというと、こっちは逆に、本当は払わなきゃいけない100万円を払わないで済んだわけですから、その分、利益を得たということになって、「受贈益」（ジュゾウエキ）って、何だか舌かみそうな言い方ですけど、要は「益金」がたちます。

で、今のはタダでモノをあげました、もらいましたって話ですから、まぁ、現実には、そんなにたくさんある話じゃありません。でも、時価よりも「安く」あるいは逆に「高く」ってことは、これはよくあります。

さっきの話で、本当は100万円するんだけど、60万円でいいよってなったら、差額の40万円は寄付金とか給与、あるいは交際費になることだってあります。

もちろん、これは相手次第、取引の内容次第です。相手が事業に直接、関係のない相手で、〝安売り〟に合理的な理由がなければ「寄付金」です。

相手が自分とこの役員なら「給与」。それも1回こっきりなら「賞与」ということで、100％費用になりません。

親族のやってる会社にだけ〝特別価格〟でサービスしたりすれば「交際費」になることだってあります。

要は、相手が特定の役員や親族だった場合や、安くすること、高くすることに特に合理的な理由がない場合は税務上、色々と問題になることが多いということです。

で、こういう場合に頭の痛いのが「時価」です。「時価」よりも低くても、高くても税務上、色々と問題が出てくるわけですから、その「時価とは何ぞや?」っていうことがすごく大事になってくるわけです。でも、これを正しくとらえることがスゴクむずかしい。

法人税では「その取得のために通常要する価額」とか「その譲渡の時における価額」っていう抽象的な表現しかなくって、まぁ、言ってみれば「その時の相場」とか「その時の市価」ってことになるんでしょうけどね。「普通、買ったらこれぐらいかかるよねぇ」みたいな。

でも、商売ですから、当然、「売り急ぎ」「買い急ぎ」ってこともあって、その時は「時価」よりもドーンと安い値段、高い値段で売り買いするわけですね。で、これが第三者間なら、まぁ、基本的には当事者同士納得ずくの話ですから、自由に決めればいいだけの話ですけど、同族間だと違って来ます。税務上、すごくきびしい目で見られることになります。

特に、土地や株なんかの値の張るものを売り買いする時は、「時価」にはくれぐれも注意していないとアブナイ。売った後、買った後で思わぬ課税問題が発生することだってあります。

損金ってナニ？　費用は3つの条件でガッチリ、チェックする

「益金」の次は「損金」です。「損金」っていうのは売上原価や販売費及び一般管理費、その他の損失のことです。そして、会計上、費用なんだけど、税務上は「別段の定め」でもって費用にならないっていうものがいっぱいあります。ここら辺の話は、後の章で詳しくお話ししますが、減価償却費の限度超過額や交際費、貸倒引当金の繰入超過額なんていうのがそうです。

さて、販売費及び一般管理費などの経費は当然、税務上も「損金」となります。なりますけど、その費用のうち「事業年度終了の日までに債務の確定していないものを除く」ってことになってます。

ただ、「償却費」は例外です。「償却費」って固定資産や繰延資産っていわれるものの取得価額を毎年少しずつ費用化していくことですけど、これは費用ではあっても、「債務」じゃありません。誰かに対してお金払っていくわけじゃありませんから。

でも、償却費以外の費用については、その「債務」が確定しているかどうかっていうことがとても重要です。で、税務上は、その債務が確定しているかどうかを次の3つの条件で考えることになってます。

⑴事業年度終了の日までにその費用に係る債務が成立していること。
⑵事業年度終了の日までにその債務に基づいて具体的な給付をすべき原因となる事実が発生していること。
⑶事業年度終了の日までにその金額を合理的に算定することができるものであること。

先ず、⑴の債務が成立していることっていうのは、たとえば、会社の車の調子がどうもイマイチなんで、修理工場に出したとします。で、修理が終わってでき上がってきたら、もう業者にお金払わなきゃいけませんね。これが「債務」の成立です。

次の⑵の「具体的な給付をすべき原因となる事実」っていうのは何か表現メッチャ堅いですけど、要は、モノの場合であれば、すでに使ってしまった、サービスの場合だと、すでに提供を受けましたっていう場合です。今の例だと、車の修理はすでに完了しているということがこれに当たります。で、最後の⑶はその修理代がはっきりいくらっていう様につかめるということです。この3条件がそろっていないと、税務上は費用にすることができません。

なので、今の例で、決算月までに車の修理を終わらせようと思っていたところが、業者の都合で、車の引き渡しが決算月の翌月にのびたとしたら、⑶の「その金額を合理的に算定すること」はできても、修理はまだ完了していないし、債務も成立していないことになって、税務上は費用計上はできないということになってしまいます。

じゃあ、決算月に事務所の家賃を1年分、前もって支払った場合はどうでしょうか。その支払が契約で決められたものなら、すでに「債務」は成立していることになりますし、金額も、もちろんハッキリしてるんですけどね、この場合「事実」の発生がありません。事務所のスペースは実際にはまだ使用していないわけですから。

でも、こういった場合は、「一定の契約に基づいたものであること」と「継続的に役務（エキム）の提供を受けるものであること」を条件に、1年以内に受けるサービスについて払ったものは特別に費用にすることが認められています。これを「短期の前払費用」っていいます。

だから、家賃を1年分前払いした場合でも、「契約」に基づかないで、こちらが一方的に支払ったものは費用に認めてもらえません。それから、雑誌やTVの広告を期間限定でやる場合の費用をいくら先払いしても、それは単なる「前払金」であって、「継続的に役務の提供を受ける」ことにはなりませんから、税務上の「短期の前払費用」の特例を受けることはできません。適用が受けられるのは「賃借料」や「保険料」「借入金利息」などです。

次に、事務用品なんかを決算月に一度にまとめて購入した場合なんかはどうでしょう。モノはすでに手元に届いていて、お金も全部払っているという前提です。

本来は、まだ当然、事務用品の全部は使い切っていないわけですから、決算月にそのまだ使われずに残っている事務用品を数えて、次の期以降に「棚卸資産」として繰り越さなきゃいけないわけです。

でも、税務では、こういった場合、買った時点で費用処理してもいいよってことになってます。理由は、消耗品なんかは毎期、大体同じぐらいの量を買って、1年以内ぐらいに使い切ってしまうし、金額的にも、それほど高額なものにはならないと。買った時点で費用処理しても、それほど期間損益に影響はあるまいということです。

対象になるのは、事務用消耗品の他に、包装材料とかパンフレットなどの印刷物、見本品などの、いわゆる「消耗品」といわれるものです。

ただし、この規定はその購入する量が毎期大体同じぐらいで、普通に1年とか半年ぐらいの期間で消費し切ってしまう場合だったらっていう条件つきです。

決算期が近づいて、利益が予想以上に出そうだってなると、よく、「この際だ、どうせ使うものだからまとめて買っとけ！」って事務用品やパンフレットなんかを大量購入する会社がありますけど、気をつけてください。消耗品の金額が、ある年だけドーンと増えるようなことがあれば、決算書ですぐにわかってしまいます。それって税務署に「ココおかしいですよ！」って教えてやってるようなものですからね。

赤字でも申告書って提出しなきゃいけないの？　ナンデ？

さて、税金の計算が済んだら、申告書を作って税務署に提出しなきゃいけません。提出の期限は決算月の翌月から2か月以内です。3月決算だったら5月、9月決算だったら11月が申告書の提出期限です。

「うちは赤字だから税金なんか払う必要ないいんだけど」って。いや、それでも申告書は期限までしっかり提出しなきゃいけないんです、決まりですから。

「払う税金なくても？」

そう。払う税金がなくても申告書だけは出さなきゃいけません。「払う税金がないんだったら、遅れたって、そりゃ税務署にイヤミのひとつぐらい言われるかもしれないけど、実害はないんじゃないの？」って思われるかもしれませんが、ダメなんです。

「どうして？」

多くの会社が〝青色申告〟と呼ばれる方法で確定申告書を提出しています。〝青色申告〟で確定申告書を提出するためには、先ず、税務署にその青色申告をしますってことを申請して承認を受けたうえで、会社のやった取引をちゃんと帳簿書類に記録していくことになります。

その代り、色々な税務上の特典が受けられます。赤字が出た時に、その赤字を翌年以降に繰り越せる制度なんかも、この青色申告をやっていないと認めてもらえないわけです。

で、この青色申告って、赤字だろうがなんだろうが確定申告書を提出期限までに提出することが条件になってます。もし、提出期限までに確定申告書を提出しなかったら、税務署は「青色申告の承認を取り消すことができる」って法律に書いてあるんです。

だから、何が何でも申告書は提出期限までにちゃんと提出しなければいけないってことなんですね。

それと、提出期限ですが、原則は決算月の翌月から2か月以内ですが、税務署に申請を出せば、これをさらに1か月延ばすことができます。つまり、決算月の翌月から3か月以内に出せばいいってことになります。これ、法律に「会計監査人の監査を受けなければいけないなどの理由により決算が確定しないため」って書いてあるんで、「大企業だけだろう、中小企業は関係ないや」って思ってる方、多いんですけど、そんなことはありません。会社の定款(「ていかん」って読みます)に「株主総会は決算後、3か月以内に開く」ってことを決めとけば、提出期限を1か月先延ばしすることができます。

「やったー! 1か月余裕ができた。なーんだ、そうだったんだ」

……って喜ばせといて悪いんですけど(ハァ?・)、延びるのは「提出期限」だけです。税金はいったん2か月以内に概算払いしなきゃいけません。これを「見込納付」っていいます。

つまり、申告書の提出期限は3か月以内なんだけど、払いは「2か月以内にいったんお願いね」ってなってるわけです。で、概算で払っといて3か月目に実際の税額との差額を追加で払うか、概算払いの方が多ければ「返してくれ」って還付の請求をするわけです。

だから、どうしたってある程度の正確性をもって2か月以内に税金の計算をしなきゃいけない。そうすると、「申告書は3か月以内に出せばいいよ」って言ったって、税金は2か月以内に決めなきゃいけないし、申告書の作成や提出はほとんどの場合、税理士事務所がやるわけで、会社にとってどれほどメリットがあるかというと、ン――――、どうなんでしょうねぇ?

去年儲かったんだから今年もそうでしょうって言われても…

さて、決算も終わって、確定申告も終わったと。でも、これで税金とも「1年間おさらばだ」っていかないところが、税金の世界のきびしいところです。

新しい事業年度が始まって6か月たったら、税務署から「予定申告書」が送られてきます。予定申告って、1年分の税金の一部を前もって払ってねというやつです。

普通、前の事業年度の税額を基準にして、その半分を払うことになります。前の年の税額が1000万円だったら、予定申告は500万円です。(ただし、前の年の税額が20万円以下だ

ったら、予定申告は不要です。念のため）

これ、去年これだけ儲かったんだから、今年も多分それぐらいいくでしょう、じゃあ、前もって半分だけ払っといてもらえます？　って考え方ですけど、そう言われてもねぇ……。

もちろん、確定申告で全額払うよりか、真ん中で半分ぐらい払ってた方が、後の資金繰りが楽ってことは現実にはあるんですけど、でも、今期に入って売上もなんか落ちて来てるみたいだし、去年並みの税金なんてちょっと払えそうにないなぁってことも、これはありますよね。

そういう時のために、「仮決算」っていうのがあります。これは事業年度開始から6か月の期間をひとつの事業年度ということにして、普通に売上やら経費を計算して、申告書を作って税金を払うっていう方法です。これだと、売上が落ちてきた時なんかでも、それなりの税金を払うことで切り抜けられます。

たとえば、前の事業年度の税金が1000万円とした場合、予定申告だと払いは2分の1の500万円ですが、「仮決算」して、半年間の売上が前年同時期の半分まで落ち込んでしまったっていう場合は、単純計算ですが税額は250万円で済むってことにもなるわけです。だから、経営が厳しくなってきたら、予定申告は「仮決算」でやるって、これ、覚えといてくださいね。

●第1章のポイント

○法人税の計算の方法

所得金額×税率＝法人税

○法人税の税率

原　　則＝30%

中小企業＝18%（年間800万円の部分について）

○会計上の利益と税務上の所得金額

会計：収益－費用＝利　　益

税法：益金－損金＝所得金額

○税務上の益金の特徴

モノやサービスをタダで提供しても、提供されても「益金」になる。

「時価」を基準にして考える。

○税務上の損金の特徴

債務の確定基準

(1)事業年度終了の日までにその費用に係る債務が成立していること。

(2)事業年度終了の日までにその債務に基づいて具体的な給付をすべき原因となる事実が発生していること。

(3)事業年度終了の日までにその金額を合理的に算定することができるものであること。

○申告書の提出

申告書は赤字でも出さなければいけない。

予定申告は「仮決算」でも提出できる。

2章

社長！　あなたの給料、下げちゃダメですよ

「会社と個人は分けて考える」と痛い目にあう

今日は顧問先であるT社の税務監査の日。経理担当者が用意してくれた領収書のファイルを見ていると、あるレストランのレシートが……。

税理士「社長、先月、千葉の方に行かれたんですか？」

社　長「えっ、……あっ、そ、そう、ちょっとあっちで仕事の話があってね。それで、パァーって駆け足で。いやぁー、大変だったんだ、急に決まった話で」

税理士「そうですか。で、行かれたの4人ですね？　●●●ってレストラン、私も行ったことありますよ。確か、これってディズニーランドの中にあるレストランですよね？　で、フルーツパフェ注文した方がいらっしゃいますねぇ。ひょっとして、仕事ってご家族4人でいらしたんですか？」

社　長「……やっぱり、ダメ？　バレちゃった？　でもね、娘がうるさいんだよ、連れてけ、連れてけって。ねぇ、先生、何とかならない？」

税理士「なりません！」

よくあるんですよねぇ、こういう話。でも、「……やっぱり、ダメ？」って遠慮がちに言われる社長ならまだいいんですけど、中には「エッ！　ダメなの？　何で？　大きな会社は慰安旅行って認められてるじゃない？　小さな会社はそれもダメなの？」ってナンチャッテな理屈で食ってかかられる社長もいて、困ったもんです。

「慰安旅行と家族旅行の区別ぐらいつけてくださいよ」ってついグチりたくなりますけど、まぁ、この手の〝公私混同〟は枚挙にいとまがないっていうか、実に多いです。

・家族旅行の費用を会社経費で落とそうとする。

・スポーツタイプの高級外車が会社の固定資産台帳にしっかり載っている。

・「会社の金はオレの金」とばかりに通帳から使い道不明のお金が引き出されていく。

・レストランの領収書に利用人数1名と書いてある。（社長！　自分で食べたお昼代は経費にならないってば！）

・得意先への手土産を買った時のレシートに一緒に「タマゴ6ヶ入り　200円」の印字が。（いやぁ、さすがにこれじゃ家で使ったってバレバレですって！）

まぁ、何とか税金を安くしたいっていう社長の気持ちもわからないではないですが、〝公私混同〟も「つい、うっかり」ならまだしも、わかってやってれば、もちろん「脱税」ですからね。仕入や人件費の架空計上と同じです。

というわけで、税理士や税理士事務所の職員が関与先の数字や資料を見る時は「公私混同」

はないかって目で見てることが多いです。なにせ、税理士のお客様っていうのはほとんどが中小零細企業ですから、どうしたってそういう「混同」が起きやすい環境にあるわけですね。だから、

「公私混同はやめてください。法人と個人とははっきり分けて考えてください」

なんてしつこく言うわけです。もちろん、それ自体間違ったことを言ってるわけじゃありません。特に「公私混同はやめてください」っていう部分は議論の余地のないとこで、税務調査で見つかったら、確実に否認されて、他のちゃんとしてるところまでが、一事が万事ということで、疑いの眼で見られたりすることにもなります。

第一、従業員はそういうとこってちゃんと見てますから、「何だ、社長って、カッコのいいこと言いながら、自分のお昼代まで会社の経費で落として……」なんて陰口たたかれることにもなりかねません。これじゃ、会社全体の士気もなかなか上がりませんよね。

でも、「公私混同」はダメでも、後の「法人と個人ははっきり分けて考えてください」っていうのは、文字通りにとらえられると、中小企業の場合はちょっと困ったことにもなりかねません。もちろん、それは「会社の金はオレの金」で好きなようにやってくださいっていう意味じゃありませんからね。そうじゃなくて、要は、法人と個人は一体で、トータルで考えてくださいねっていう意味です。

家族経営で税制のメリットを最大限享受する方法

なぜ、法人と個人は一体でとらえなきゃいけないかというと、中小企業の場合、会社と個人とは表裏一体の関係にあるからです。いわゆる「運命共同体」です。

その点、大企業は違います。「経営と所有の分離」なんて言われるように「経営」するってことと会社の「所有」がはっきりと分れています。多くの出資者（＝株主）からお金を集めて会社作って、実際の経営は株主とは別の経営者があたると。

でも、中小企業は反対に、完全な「経営と所有の一体化」です。社長が自分で出資して会社を作って経営にもあたります。だから、社長もがんばって成績上げて配当で「株主に還元しなくちゃ！」なんて考えなくていいわけです。配当なんかしなくても、自分の給料上げればいいわけですから。

たとえば、大企業の場合、社長が受け取る「役員報酬」は先ず、株主総会で他の役員を含めた報酬の総額が決議にはかられて株主の承認を得るってことが必要です。そのうえで、個別の金額を取締役会で決定っていうのが一般的なやり方です。

もちろん、中小企業の場合も表面上は同じプロセスを経るわけですけど、まぁ、あくまで〝表面上〟であって、実際は社長や少数の役員が集まって自分達自身で資金の状況なんかを見ながらパパッと決めてるわけですよね。いや、今さら、あらためてこんなこと言わなくたって社長ご自身よ～く御存じのこととは思いますけど……。

ところで、個人事業がある程度の規模になってくると「法人化」つまり、会社組織にしなさいということをよく言われますよね。なぜか？　もちろん、色々な理由がありますけど、ひとつの大きな理由は節税効果です。個人事業だと、社長自身が給料を受け取ることはできませんが、同じ事業を「法人化」することで、社長にも給料が出せて、会社の税負担は軽くなります。その上で、個人が受け取る給料からは「給与所得控除」といって、給料の大体2～3割が引かれて税金計算がされますから、個人と会社のトータルで考えた税金はグッと安くなります。

さらに、社長自身だけでなく、奥さんや社長の両親、子供たちなどを会社の役員や従業員にすることで、いわゆる「所得の分散」ができて、さらに税金の負担を減らすこともできます。もちろん、これは条件さえ整えば、個人事業でも可能なことですけど、「会社」であれ、「個人事業」であれ、いわゆる「家族経営」のメリットであることには間違いありません。

「所得の分散」ができると、なぜ節税になるかというと、所得税の税率が「累進税率」になっているからです。ちょっとむずかしい言葉ですけど、「累進税率」って、所得が増えるにつれて税率もアップするっていう制度です。所得税の一番低い税率は5％、金額は195万円までです。で、一番高い税率は40％（！）で所得が1800万円をこえると適用されます。税率は全部で6段階。もちろん、「給与所得控除」も全員が使えます。たとえば、社長ひとりで給与を2000万円取っているとしたら、「給与所得控除」は270万円で、税額は400万円をこえます。

でも、同じ2000万円を、社長を含めた家族4人に分散することができたら、ひとり500万円の給料となって、「給与所得控除」は150万円ちょっと。合計で600万円をこえます。そして、税金はひとり26万円、4人合計でも100万円をちょっとこえる程度で済みます。

つまり、家の「サイフ」が実際にはひとつであっても、それぞれが「給与所得控除」や「累進税率」を利用することで、キャッシュフローの合計は大きく違ってくるということです。

もちろん、これは家族が本当に会社の経営や仕事にちゃんと専念できているということが前提です。奥さんは専業主婦で会社に出てくるヒマなんかないとか、子供はまだ中学校に通ってますなんて場合は完全な脱税行為ですから、ゼ〜ッタイやっちゃいけません。くれぐれもご注意を。

第2の人生に不安を残さないために今やっておくべきこと

「会社」と「個人」を一体として考えるっていうのは、毎月の給与だけじゃなくて、将来受け取る「退職金」だってそうです。

退職金の問題はまた後でもふれますけど、ここでは先ず、「退職金をどう準備するか」ということでお話しますね。

基本的なことですけど、個人事業では事業主に対して、給与はもちろんですが、退職金も支給することができません。つまり、事業上の経費にすることができないってことです。で、これ、経費にできないのは事業主だけじゃありません。「事業専従者」もそうです。「事業専従者」って配偶者や子供などの親族で、その事業に専従している人達のことです。

普通、ダンナが事業主で、奥さんが「事業専従者」ってパターンが多いですけどね。こういう人たちには例外的に給料の支給はできることになってますけど、「退職金」はアウトです。経費に認めてもらえません。

夫婦で何十年も一生懸命働いて来ても、個人事業だと一銭たりとも退職金が経費に認めてもらえないって、何かちょっとカワイソーな感じがしますけど。

まぁ、それはともかく、会社だと、もちろん「退職金」は夫婦ともに経費にすることができます。で、問題はそれをどう準備するか――です。

退職金を支給するためには大体、数百万円から数千万円単位のお金が必要ですよね。もちろん会社に潤沢な資金の余裕があれば何の心配もいりませんけど、まぁ、そんなお金はおいそれとは用意できないというのが普通です。

会社が退職金について何の手だてもやっていないと、結局、税金を払った後の利益の中からン千万円というお金をコツコツ貯めていくしかなくなっちゃうわけです。退職金用にって会社の預金口座にお金移したって、経費になりませんからね。

それに、会社が銀行から金借りてるような場合は、退職金用のお金を貯める前に、先ず、借金返さなきゃいけないと。つまり、利益の中から先ず、税金払って、さらに借入金の元金も返して（借入金の元金を返しても、同様に経費になりませんからね）、で、やっと退職金用のお金貯めましょうかってなるわけですよね。

ン――――、これは相当キビシー！

それと、まぁ、何とか会社でお金貯めることができたとして、今度は役員が退職した時に、いっぺんに「役員退職金」っていう費用だけがたっちゃうわけですね。

当然、会社はマッカッカの赤字になります。銀行からお金借りていないんなら、まぁ、「税金が出ない分、よかったネ」で済むような話ですが、そうでなけりゃ、銀行の担当者に「臨時的な役員退職金で赤字になってるんで、経常利益はこの通り……」って説明はするとしても、対銀行の手前、できたら大赤字って事態だけは避けたいですよねぇ。

じゃあ、資金にも困らず、赤字も回避するためには何をすべきかっていうと、ズバリ生命保険です。

生命保険の保険料払って、たとえば、社長の退職時期と解約返戻金がピークになる時期とをあわせる様に計画しておけば、それまで簿外で資金を積み立てていくことができます。で、退職の時期が来たら、解約返戻金が会社に入ってきて、同時に、退職金も払えると。解約返戻金は会社の収入ですが、役員退職金は当然、会社の費用となりますから、収入と費用が両方たって、プラマイゼロ。税金もゼロ。社長は退職金を手にして第2の人生に向かってメデタク船出することができると。もちろん、会社が保険料を払ってる間は、費用で落ちるような保険契約にしとかないとダメですけどね。それで、節税効果が出てくるわけですから。

一般には退職金積み立て目的の定期保険や逓増定期保険を利用します。社長の契約時の年齢などによっては保険料の全額が費用となるものや2分の1だけが費用となるものなどがありますから、いずれにしても、保険会社、税理士などと十分に検討のうえ、早めの対応をする必要があります。

「社長も、もう長くないかも知れないなぁ……」となってからでは打つ手はほとんどありません。

第一、そうなったら誰に相談すればよいのやら……。

「売上高」よりも「従業員数」よりも、ナゼ「株価」？

会社を評価するには色々な方法があります。ひとつは「売上高」。「うちの会社もとうとう売上高が1億円を超えるようになったか」とか「あそこは売上高が来年あたり10億円を超えそうだ」とか。なんとなくその会社のイメージが湧きますよね。

他には従業員数なんかも、ある程度会社の規模が具体的にイメージできますね。「うちも、社員が増えて今や30人だよ。毎月の給料だけでもホント胃が痛いよ」なんて社長の悩み、何度も耳にしたことがあります。

もちろん会社の価値をはかる尺度は「売上高」や「従業員数」以外にも色々あるとは思いますが、経営者やその一族にとって最も大切なもののひとつは、やはり自分の会社の「株価」です。

「株価？　だってうちの会社はまだ上場なんかしてないし……」って。いや、そういう意味の株価じゃなくて、「同族会社の株の評価」です。相続だ、贈与だっていう時の株の評価ですね。

で、会社の株の評価がなぜそんなに大きな意味を持ってくるかというと、先ず相続です。社長が亡くなって、いざ相続だという時に、会社の株以外見るべき財産がないと。それで、株の評価も低いというのであれば、何ら問題はありませんが、株の評価だけが高いとなったら、相続税は払わなきゃいけない、でもお金がない。同族会社の株なんて誰も買ってくれないという最悪の事態になってしまいます。

それから、贈与。相続対策のひとつとして、奥さんや子供たちに生前に少しずつ株を移動するということはよく行われます。もちろんその時も株の評価は必要です。相続の時の株の評価はもちろん「相続税評価額」ですが、贈与の時も「相続税評価額」です。評価方法は同じ。「贈与税評価額」とは言いませんので念のため。

会社が増資をしようとする場合にも「株価」は大きな意味を持ってきます。特に、既存の株主以外の第三者に出資をお願いする時などの払込金額は原則「時価」。もちろん、中小企業の株に取引相場なんてありませんから、結局、「相続税評価額」で評価することになります。

また、ワケあって会社の株を誰かに売ろうという時だって、特に相手が同族関係者なんかの場合は、やっぱり「相続税評価額」がひとつの基準となって、それより高くても安くても、課税問題が発生するということになります。

ということで、会社の株の評価について大筋、一体どうするのかっていうことをお話しします。ザクッとしたお話です。細かいところはバンバン削ってお話しますので、しばらくの間おつきあいのほどを。

「売れない」土地と上場会社が会社の価値を決めるマカ不思議

株の評価の方法は大きく分けてふたつ。ひとつは会社の持つ「資産」と「負債」の差額である純資産価額で評価する方法、もうひとつは同じ業種の上場会社の株価を取り込んで評価する方法です。で、それぞれを、

(1)純資産価額方式
(2)類似業種比準価額方式

といいます。まぁ、細かな計算は専門家にまかせるとして、ここでは、おおよその説明だけです。全部説明してたら、本が一冊書けちゃいますので……。

で、最初にそれぞれの方法をどう使うかというと、先ず、株の評価をしようとする会社を大、中、小の3つに分けます。従業員が100人以上いたら、文句なしに「大会社」。99人以下だと、業種を「卸し」と「小売り・サービス業」「その他」に分けて、それぞれ総資産の額や売上高で「中会社」と「小会社」に分けます。

たとえば、「卸し」だと、売上高2億円以上が「中会社」、2億円未満だと「小会社」。これが「小売り・サービス業」だと2億円のさかいが6000万円に、「その他」が8000万円になるといった具合です。他にも総資産額や従業員数などの基準があります。

で、会社のランク分けが済んだら、大、中、小に応じてそれぞれ、
大会社……類似業種比準価額方式。ただし、純資産価額だけで評価することもできます。

中会社……「併用方式」っていいますけど、類似業種比準価額と純資産価額にそれぞれ一定割合をかけてそれを合計するというやり方です。類似業種比準価額にかける割合は会社規模に合わせて0・9、0・75、0・6の3つ。純資産価額にかけるのは1からそれぞれの割合を引いた残りです。ただし、選択で中会社も純資産価額だけで評価することができます。

小会社……純資産価額方式。ただし、類似業種比準価額と純資産価額にそれぞれ0・5をかけてそれを合計するというやり方もできます。

といったところで、次にそれぞれの計算方式の説明です。

(1) 純資産価額方式

株の評価の方法の最初は「純資産価額方式」です。要は、会社の持ってる資産と負債を先ず時価評価して、その時価評価した資産から負債を引いた差額、これを「純資産」って言うんですけどね、この純資産価額で評価しようっていう方法です。で、この場合の「時価」って簡単に言うと「売ったらいくらになるか?」です。

相続税はすべて基本的にこのやり方で計算されます。つまり、売ったらいくらになるかで財

産を評価して、それに税率かけるってやり方です。

だから、まぁ、理にかなってるわけですね。個人が営々と築き上げてきた財産を、息子や娘がタダで手にすることができるわけですから、じゃあ、それ「時価」で評価して、応分の負担してくださいと。

ただ、実際には売ろうと思っても売れなかったり、売っちゃうとその後の生活が成り立たなくなっちゃうものが多いから、困るんですけどね。

同族会社の株価が高くなる原因はふたつです。ひとつは「含み益」。何十年も前に買った土地が相続や贈与の時になったらエラく値上がりしてたってことがあります。有価証券なんかもそうですね。

バブルがはじけて土地の値段がドーンと下がったたって言ったたって、バブル以前に買った土地なんかだと今の評価額はそれなりに高くなってるわけです。で、自社株を評価しようって時はその値上がり分、すなわち「含み益」を入れたところで計算しなくちゃいけませんから、株の評価はいっぺんに上がってしまいます。

遊んでる土地なら売り払って何とかってこともできますが、これが会社の敷地だったら。売れば会社が立ち行かず、売らなきゃ税金も払えずなんて最悪のシナリオにもなりかねません。

……ヤレヤレ。

もうひとつは「内部留保」。利益をたくさん上げる会社はそこから税金を払った残りの金額を翌期以降に繰り越します。中小企業の場合は「利益配当」なんてしませんから。税引き後の利益がどんどん積み上がっていっちゃうと、簡単にいうと「利益」に対応する現金や売掛金なんかが資産の方にどんどんたまっていって、結果、「純資産額」を押し上げるということです。

本来、会社の「株価」が上がるってことは、会社の評価が上がるってことですから、経営者にとっては喜ばしいことのはずなんですけど、中小企業に限って言えば、相続の時の税負担が増えることになって、そういう意味じゃゼ〜ンゼン喜ばしくないわけです。

ということで、株の評価を下げるためにはなるべく不要の土地は持たないと。ただ、利益はねぇ、もともとたくさん儲けたいから会社を作ったわけで、株価を下げるために利益を押さえるって、何か、本末転倒な感じもしますが、まぁ、手がないわけじゃない。役員報酬をドーンと増やすとか、不良債権も落として、「含み損」のある資産も売ってしまう、全額費用処理が可能な生命保険に入る、などなど。

ただし、うかつにやったら、思わぬところで思わぬ課税問題が発生する危険性もあります。やる時は必ず専門家に相談のうえ、しっかりとした計画を立てること。あわててやったらケガしますよ、社長！

(2)類似業種比準価額方式

次は同じ業種の上場会社の株価を取り込んで、その会社の株を評価する方法です。「類似業種比準価額方式」っていいます。

なんだかちょっと難しそうですけど、「類似業種」は〝同業者〟のこと。次の「比準」は何かありそうなコトバですけど、普通の辞書にはのってません（〝条約の批准〟って言う時の〝批准〟はあるんですけどね）。でも、まぁ、「比較して、それに準ずる」ってな意味なんでしょうね。それにしても、辞書に載ってないコトバがどうどうと使われてるって、ある意味スゴイ！

計算方法は、自社の「配当」「利益」「純資産額」の3つを上場会社の同じ「配当」「利益」「純資産額」で割って、次にその割合を上場会社の平均株価にかけます。後は、会社規模に応じてその値に0・7、0・6、0・5という数字をかけて出来上がりです。

これって、要はその会社がどれだけ儲かってるかっていう指標を同業種の上場企業と比較して、その割合を上場会社の株価にかけて評価しましょうっていうものです。

「配当」は利益がなければできませんし、「利益」はそのものズバリ。ちなみに、この「利益」は算式中、3倍でカウントされますから、ウエートはすごく高くなります。最後の「純資産額」は過去の利益の蓄積、つまり「内部留保」っていうやつです。この場合の「純資産額」は帳簿上の数字で「含み益」は入りません。

で、上場会社の株価はご存じのようにここ数年ズーッと超低空飛行です。たとえば、建設業の平均株価は平成21年で113円。5年前の平成17年は332円ですから約3分の1まで急降下です。卸売業だと同じ年度で362円から135円へのダウン。サービス業に至っては795円から222円まで落ちてます。約70%のダウン！　途中で気ィ失いそうです。

もちろん、上場企業の平均株価が3分の1まで落ちたから、即、自社の株価も同様に30%程度までに低下するというわけではないんですね。平均株価が落ちるってことは、普通、上場会社の「配当」も「利益」も「純資産額」も落ちるってことですから、つまり平均株価にかける割合は、自社の利益や内部留保が同じなら逆に上がりますからね。平均株価にかける割合って基本的に「自社の利益÷上場会社の利益」ですから。

だから、自社株の評価はそこまで極端には下がらない。極端には下がらないけど、まぁ、それなりには下がると。

だから、そういう時期を見計らって、譲渡なり贈与をやるといいんですけど、まぁ、言うはやすし、行うは難しです。

上場会社の株価がこれから劇的に回復するって、ちょっと想像はむずかしいですけど、そりゃ、どうなるかわかりません、将来のことですから。

ただ、大企業ががんばって利益が回復してきたら、自分の会社の株価も自動的に上がるって、何かスッキリしないものがあります。

さて、社長ならどう予測しますか？

役員報酬はがんじがらめ。社長の給料、下げちゃダメですよ

さて、中小企業では「所有と経営の分離」がなされていないこともあって、社長の報酬は社長自身で好きに決めることができます。もちろん、会社が儲かっていなければ、そんなにたくさん出せるわけではありませんが、それでも、ある程度の〝自由裁量〟が認められている分、税務署はこの役員の報酬に対してはきびしい目を向けています。

ということで、法人税法では、役員報酬について次の3つのものに限定して費用として認めるという取扱いになっています。その3つというのは、

(1)定期同額給与
(2)事前確定届出給与
(3)利益連動給与

の3つです。

で、先ずは(1)の定期同額給与から見ていきましょう。

⑴定期同額給与

これどういうものかってひと言で簡単に言っちゃうと、

「役員報酬は一度決めたら少なくとも1年間は毎月同額でいきなさい。途中で増やしても、減らしてもダメだからネ！」

っていうものです。だから「定期同額」って言うんですね。

役員報酬って、普通、株主総会で金額を決めます。で、その株主総会って大企業の場合だと新しい事業年度が始まってから3か月以内、つまり3月決算だと6月の終わりころに開くってことになってます。法人税法でも、役員報酬を増やそうと思ったら、その3か月以内にそういう決議をしなさいと。で、4月、5月、6月は今までと同じ役員報酬でも、7月からは改定後の新しい報酬を出して、そのあと、翌年の3月まで同じ額でいくんなら「費用として認めましょ」ってなってるわけです。

それで、途中でどうも今期は儲かりそうだと、じゃあ、10月からさらに増やそうなんてことにすると、その増えた分が費用として認めてもらえない。申告書上で利益に足しなさいってなってるわけです。キビシィー！

でも、それで驚いてちゃいけない。今の役員報酬って、もっとすごいことになってます。勝手に増やしちゃいけないってのはまだわかります、実質的な賞与みたいなもんですから。でも、ナント「減らしてもいけない！」ってなってるんです。

たとえば、ちょっと売上も落ちてきて、従業員の手前、いつまでも社長の報酬をそのままってわけにもいくまいと。で、3月決算の会社で4月から9月までは月額100万円出してた報酬を、10月から90万円に落とそうってすると、その新しい90万円が「定期同額」ってことになって、4月から9月までの月額100万円のうち90万円を超す10万円の6か月分、60万円が費用として認められないってなるわけです。

「ウッソー!?」って声が聞こえてきそうですけど、ウソじゃありません、本当です。

じゃあ、どんな場合でも増やしたり、減らしたりできないのかっていうと、さすがにそれはなくて、「特別に許可してあげる」って規定もあります。

「特別に許可してあげる」規定

①会社や役員の状況がガラリと変わった場合

役員の地位が変わったとか、やってる仕事の内容が大きく変わったっていう場合です。たとえば、社長が急病で入院してしまったために、急きょ、平取締役の息子を新社長に据えて、とりあえずこの難局を乗り切るぞー！　と。で、息子の報酬を月額50万円から100万円に増額したような場合はOKってことになってます。

②経営状態がメチャクチャ悪くなった場合

正式には「経営状況が著しく悪化した」場合です。つまり、経営状態が単に「悪くなった場合」じゃありません。「メチャクチャ悪くなった場合」です。だから「目標売上にちょっと届かなかったなぁ」とか「資金繰りちょっと苦しいからなぁ」なんていう理由で役員報酬さげましたっていうのはアウトです。

じゃあ、具体的にどういう場合かっていうと、

・借入金返済がきつくなって、銀行にいわゆるリスケ（借入れ条件の変更）をお願いするような中で、役員報酬も減額せざるを得なくなったというような場合

・取引先他に支払条件などの協力をお願いする状況になって、経営改善計画が出され、その中に役員報酬の減額が盛り込まれた場合

などです。

他にも不特定多数の株主がいる場合に、その株主から役員の経営責任を問われるような事態におちいったため、やっぱり役員報酬を減額せざるを得なくなった場合なんていうのもあります（まぁ、いわゆる同族会社ではちょっと考えにくいですけど……）。

だけど、これって、そもそも「役員報酬なんか出してる場合か！」っていう切羽詰まった状態ですよね。そこまで事態が悪化してからでないと一度決めた役員報酬を減らしちゃいけない

って、どう考えたっておかしい。だって、そういう事態におちいらないために、早めに役員報酬を減らそうって言ったら「ダメ！」って言われるわけですから。そんなアホな！

(2)事前確定届出給与

これ、前もって税務署に届出を提出してくれれば、役員にも「賞与」出していいですよっていう規定です。これだけ聞くと「イエーイ！　ボーナスだぜぇ」って思いますよね。でも〝条件〟メッチャきびしいです。

先ず、賞与を出すためにはあらかじめ株主総会でその支給時期と支給額を決めなきゃいけません。で、その株主総会の決議の日から1か月以内に届出書を税務署に提出します。そして、ここからがこの規定のスゴイところで、賞与の時期になったら、届出書に書いた金額通りに賞与を払わなきゃいけないってことです。

多くてもダメ、少なくてもダメ。もし、実際の支給額が届出をした金額と違っていたら、差額じゃなくて、支給した金額が全額費用として認められないってことになります。

事業年度の開始から3～4か月以内に、これから1年先の「賞与」を決めて、その通り出しなさいと。もし実際の支給額が少しでも違ってたら一切費用に認めないって規定です。

そんな、これから先の出せる金額がハッキリしているなら、前もってその分12等分して、給与に上乗せして払っちゃえばいいわけで、何だか「賞与なんか認めんぞー！」って言ってるように聞こえてしまいます。……でしょ？

⑶利益連動給与

⑴の定期同額給与で説明したように、今の役員報酬って一度決めたら、滅多なことじゃ動かすことができません。でも、この「利益連動給与」はその例外的な規定で、業績や利益に連動して変動する給与であっても、一定の要件を満たすものについては、費用処理を認めるという制度です。

ただし、この制度、ほとんどの中小企業では使えません。なぜかっていうと、この制度の適用を受けるためには次の条件を満たす必要があるからです。

①同族会社でないこと（「同族会社」って簡単にいうと、親族だけで会社の株の50％以上を所有しているような会社です。日本の会社の多くがその「同族会社」です）
②給与の算定方法が、「有価証券報告書」に記載されていること（「有価証券報告書」って上場企業が国に提出することを義務付けられている書類です。略して「ゆうほう」って言われます。……ＵＦＯじゃないですよ）

まぁ、これ以上の説明は不要ですね。先ず、普通の中小企業では利用不可です。ン――、一体、誰のための制度なんだか。

ということで、(1)から(3)まで見て来て、普通に使えるのは、結局(1)だけという何とも心もとない状況です。しかも、その(1)にしたって、がんじがらめの何ともキュウクツな規定です。

社長！　あなたの給料、下げちゃダメですよ！

社長がゴルフで100を切ってはいけないホントの理由

会社経営者が恐れることのひとつに税務調査があります。そりゃそうですよね、相手は税金のプロで、国家権力をバックにやって来るわけですから。しかも、下手したらガバッと税金とられていくこともあるわけで、悪いことしてなくても、つい〝うっかり〟とか〝知らなかった〟なんてこともありますから、気が気じゃない。

ましてや「あれ、バレたらどうしよう？」なんて心当たりのある社長だったら、なおのこと。

まぁ、そりゃあ、自業自得ではありますけどねぇ……。

とはいえ、税務調査だからって、何も最初から高圧的に「さぁ、会社の帳簿ここに全部出して！　ホラ、早く！」なんて言ってくるわけじゃありません。刑事じゃないんだから当り前ですけど。むしろ、非常に紳士的、ソフトタッチで調査はスタートします。

「今日はどうぞひとつよろしくお願いいたします。それにしても、ここ数日ですっかり寒くなってまいりましたねぇ。いやぁ、朝、フトンから出るのがホントつらいです。……エッ？　あっ、社長もやはりそうですか？　ハハハ……、ホントですねぇ」なんて感じです。

で、最初は当たり障りのない日常会話をしながら調査が進むんですね。でもこの日常会話がクセ者です。相手の目的はただひとつ、「税金をなるべくたくさん取ること」ですから、それ以外のことはどうだっていいんです。日常会話で社長との人間関係を築こうなんて考えてるわけじゃありませんから。

じゃあ、何でそんな日常会話をするかというと〝サグリ〟を入れるためです。

「ずい分、立派な盆栽が置いてありますけど……えっ？　これ社長がご自分でお作りになった？　エーッ！　すごいですねぇ。じゃあ、他にも……あっ、ご自宅の方にもたくさん？　あぁ、そうですか……」

（こりゃ、盆栽関係の費用が会社の費用になってる可能性大だなぁ）

「ご自宅は、会社から車で……15分程度ですか、じゃあ、●●町あたり？　……えっ？　それって、ひょっとして最近建ったあの高級マンションですか？　えっ、すごいですねぇ！」

（この会社規模で、あの高級マンション？　一体その金どっから出てるんだよ？）

「社長、お酒の方は？　あぁ、ご自宅ではあまり飲まれない？　もっぱら●●周辺で……あぁ、仕事以外の方と？　いいですねぇ、そんなご趣味がおありで」

（ってことは、仕事と関係ない飲み代がだいぶ会社経費になってるなぁ）

特に、ゴルフ好きの社長の場合はゴルフの話題になると、頼まれもしないのについつい調子にのって、喋ってはいけないことまで喋ってしまうものです。

「社長、帳簿見てますと、ずい分、ゴルフのおつきあいが多いようですが、よく行かれるコースは？……えっ！　●●ですか？　名門じゃないですか。じゃあ、腕前の方もさぞかし……えっ？　シングル？　いやぁ、うらやましいですねぇ」

（あの名門コースにそれほど通ってるってことは、ずい分金使ってるなぁ、それも、仕事の付き合いだけじゃないなぁ、これは）

まぁ、大体こんな感じでしょうか。税務調査というと、ついつい税務署の調査官の心証を良くしようと、こんな口車に乗って、聞かれもしないことまでベラベラと喋ってしまいがちです。

まぁ、だからといって、そんなにつっけんどんにする必要もありませんが、いらぬ気遣いは〝命取り〟なるということをくれぐれもお忘れなく。

社用車がベンツのスポーツタイプじゃまずいでしょう

中小企業も、従業員が10人以下ぐらいだと、実質は、ほとんど「個人事業」と変わらない場合が多くて、「個人」と「会社」の境界が見えにくいってことがあります。まぁ、あえて見ていないって場合もありますけどね。「この会社はオレの会社だ！　どうしようとオレの勝手だろう」っていう社長が。でも、そこんとこ注意しとかないと、後で調査になった時にきついお灸すえられることにもなりかねません。ということで、中小企業の社長が気をつけるべき「個人」と「会社」の怪しい境界線についてお話しします。

先ずは車の話。経営者の好きな車って申し合わせたようにベンツ、BMW、アウディが多い。で、もちろん、ベンツでもBMWでもアウディでもいいんです、どんどん乗ってください、セダンタイプなら。

「……スポーツタイプはダメなの？」って、そりゃ、絶対ダメってことはないですよ。ベンツのSLSに乗って取引先に商談に行っちゃいけないってキマリはないですから。でも、社長みずから車にドッチャリ機材積み込んで現場に行かなきゃいけないなんて場合はね、こりゃ、アウトでしょ。そうじゃなくても、まぁ、少なくとも、スポーツタイプっていうだけで目つけられる可能性高いですよね。

それから2台目もむずかしい。普段はワゴンタイプの軽で仕事してるのに、2台目はBMWって、それ「趣味で乗ってま～す！」って宣言してるようなもんですからね。

富裕層向けの商売やってて、「高級マンション見せに連れて行くのに国産のファミリカーってわけにもいかないでしょ」って言うんなら2台目でもいいでしょうけどね。

要は、「仕事で使ってますよ、モチロン」って言えるかどうか、それと、高級外車でなければいけない理由があるかどうか――でしょうね。

それから、次は「社宅」。会社名義で社長のために家と土地買いましたって場合は、もちろん社長が会社に家賃払わなきゃいけません。払わなきゃいけませんが、金額は世間相場に比べたらぐっと安くなる。5分の1から3分の1ってところでしょう。だから、社長は可処分所得が増えて万々歳です。

ただし、会社はそうはいかない。仮に土地・建物を借入金で建てたとしたら、家は減価償却できますけど、耐用年数は木造でも22年です。借入金の返済期間が10年なんてなったら資金負担は結構、シンドイことになります。土地にいたっては償却さえできませんから、まぁ、会社によほど資金の余裕がない限り、会社名義の社宅っていうのはあまりおススメできません。

それと、居住用の土地を個人が所有していれば相続の時に、今なら80％の評価減が認めてもらえます。ところが、これが会社名義だと、「社宅」用の土地ということで、１００％評価になってしまいます。つまり土地の評価がそのままストレートに株の評価に反映されてしまうと。これは結構、デカイ！

じゃあ、社長が今、借りてるマンションを会社が借上げて社長に貸そうとなったらどうでしょう。この場合も社長が会社に払う家賃は、今まで不動産会社に払っていた家賃に比べてかなり安いもので済ませることができます。

ただし、当然ながら会社の費用負担は増えると。それでも資金に余裕があるんならＯＫですけど、まぁ、そうはいかない場合が多い。だったら、社長の家賃負担が軽くなった分、役員の報酬減らしたっていい。それでも税金や社会保険の負担考えたら、社長の手取り額を増やすことは可能です。

社長と会社は運命共同体。だったら、住まいの問題も「個人」と「会社」をトータルに考えて、かしこくお金を残せる方法を選んだ方がいいですよね。

他にも、社長って24時間仕事してるようなもんですから、家に帰っても会社の数字いじったり、計画立てたり、いろいろやってます。だったら、自宅の一部を事務所にして経費の一部を会社経費にするってことも考えられます。

それから勉強熱心な社長なら、いろんな研修会に出たり、本を読んだり、今は直接会社の仕事に関係なくても、将来への布石、先行投資と考えれば、これだって、りっぱな事業経費です。サービス業の社長なら、いろんなところで様々なサービスを実際に受けることも経費です。

えっ？　じゃあ、離島における消費動向の調査に行ってくるって？……社長！　それ、釣りしにいくだけでしょう。だから、ダメだって、そんなんじゃあ！

退職金をもらったまま、会社にとどまる方法

さて、会社経営も軌道に乗ってきて、子供もある程度の年齢に育ってきたと。そうすると、まだまだ先のことかも知れないけど、そろそろ退職に備えて準備だけでもしておこうかなという様なことが出てきます。この退職に備えた準備の中でとても大事なのが退職金です。ということでこの章の最後はその退職金の話です。

で、先ず、退職金はいつ出すかという問題です。「いつ出すかって、社長をやめる時じゃないの?」そうです。一般的には「やめる時」ですよね。

でも、今、人生80年とか言われていて、たとえば、60歳で完全に会社経営から身を引いて、もうこれからは趣味の世界で生きて行くぞーっていうんなら別ですけど、第一線からは身を引くものの、何らかの形で経営には関わっていきたいという場合はどうでしょう。

社長は息子にやってもらいたいけど、自分も、「相談役」とか「会長」ということで会社に残って、今までの経験を活かしていきたいんだと。でも、それって会社やめたことにならないから退職金ってやっぱり出せないよなぁって思っていませんでしたか?

実は、会社にとどまったまま、退職金を受け取る方法があります。「実質的に退職したと同様の事情にある」という場合にそれが可能です。どういう場合かというと、法人税の基本通達

の9―2―32というのにそのことが規定されています。

(1)常勤役員が非常勤役員になった場合。ただし、週1～2回しか会社には顔出さないけど、大株主であるなど実権はしっかり握ってますっていうのはダメですからね。代表権もはずして、まぁ、時々、意見してますって程度にしてください。

(2)取締役が監査役になった場合。この場合も監査役とは名ばかりで、しっかり実権握ってますっていうのはダメです。それから本人やその親族が、持株割合が50％を超えるような株主グループに属している場合もアウトです。

(3)退職後の役員給与を50％以上ダウンさせた場合。この場合も、大株主であるなど実権はしっかり握ってますっていうのはアウトです。気をつけてください。

要は「実質的に退職したと同様の事情にある」っていうことがポイントですから、形式だけととのえたってダメだということですね。株も実権も息子や他の人に渡したと、でも、完全に引退するには早すぎる、まだまだオレだって……という場合は利用価値大です。ぜひ、ご検討を。

退職金はいつ、いくら払う？　人生の花道にもお上の目は光る

いつ払うかが決まったら、次の問題はいくら払うかです。本来、退職金は退職後の生活保障

の意味合いがありますから、第一に「いくら必要なのか？」という問題があります。それと、いくら必要なのかは分かったけれど、じゃあ、現実に「いくらなら出せるのか」ということもあります。そして、最後に税務上、「いくらまでなら費用として認めてもらえるのか」といった問題もあります。

さて、税務上、役員退職金について、いくらまでなら費用として認めるといった具体的な規定があるわけではありません。あるのは次のような非常に〝抽象的な〟キマリだけです。

「その役員が、役員としての仕事をした期間、退職に至ったモロモロの事情、事業規模が同程度の同業者がいくらぐらい出してるかなんてことから見て、これくらいがちょうどいいんじゃないかって思える金額」というのがその内容です。

ン――、これで具体的な金額を計算しろっていう方がムリですよね。まぁ、「役員としての仕事した期間だとか退職のモロモロの事情」っていうのはわかります。「モロモロの事情」って、そりゃ創業者で苦労して今日の会社を築いたって人と、どっかのソシキからやってきて、ちょっとだけ腰かけでおりましたって人とは当然、差がついてしかるべきです。

でも、「規模が同じ程度の同業者がいくらぐらい出してるか」なんて普通、わかんないわけですよ。それって要するに〝商売敵〟ですから、聞いたって教えてくれるわけがない。

第一、それがたとえわかったところで、じゃあ、なぜ、同業者と同じぐらいの退職金でなければならないかがよくわかりませんけど。まぁ、税務当局だって法律で具体的な金額を定めるわけにもいかず、そういう〝抽象的な〟表現にならざるを得なかったっていうのはよく理解できますけどね。

じゃあ、実際にどうやって税務上問題とならない金額を決定するかというと、一般に「功績倍率方式」という方法が使われます。この方法は法律や基本通達で決められているわけじゃないんですけど、税金をめぐる裁判で判断基準として使われたりと、実務ではよく知られた方法です。具体的には、役員退職金が次の算式で計算した金額以下であれば税務上問題がないというわけです。

役員退職給与の適正額＝最終報酬月額×勤続年数×功績倍率

このうち、「最終報酬月額」と「勤続年数」は一応問題ないとして、問題なのは「功績倍率」っていうものです。もともと、この「功績倍率」自体、どう算定するかというと、

功績倍率＝役員退職給与÷（最終報酬月額×勤続年数）

となっていて、何のことはない、最初の算式をひっくり返しただけのことです。しかも、役員退職給与や最終報酬月額、勤続年数などの計算要素は「同業他社のものを参考にして」なん

てことになっていて、「いや、それがわかんないから苦労してるんじゃないの」って言いたくなっちゃいますけどね……。

なんだか、堂々めぐりみたいな話になってしまいましたけど、一般にはこの功績倍率は次の様に言われています。

社　長　3倍
平取締役　2倍

じゃあ、社長であればどんな場合でも3倍が認められるかというと、まぁ、そうとも言い切れない。要は、その会社の状況次第で、一応その2倍から3倍の範囲内で常識的に判断して決めるしかないっていうのが現実的対応の様です。

まぁ、ここら辺は、逆に税務署側だってひとつひとつの会社について「これはちょっと多すぎる。●●●円ほど過大である！」って証拠あげて言うのも大変なわけですけどね。

退職金にはアマ～イ税制はこう利用する

さて、退職金の最後は税金、退職金にかかる税金の話です。もともと退職金というのは、退職後の生活保障といった面がありますから、もらう金額が大きいからって、そこからドカッて税金取ってちゃ後の生活が成り立たないってこともあって、大変、優遇されています。

先ず、退職金には「退職所得控除」っていうのがあって、税金をかける際に、もらった退職金から次の金額を引いてもいいよっていう規定になっています。

勤続年数が20年以下の場合　勤続年数×40万円
勤続年数が20年超の場合　　800万円＋（勤続年数－20年）×70万円

役員の在職期間が10年だと400万円、20年で800万円です。仮に30年だとすると、1500万円を引いていいってことになります。さらに、この「退職所得控除」を引いた後の金額の2分の1だけが税金の対象です。

たとえば、役員の在職期間30年で、退職金が2000万円だとしたら「退職給与控除」が1500万円。2000万円から1500万円を引いて500万円のさらにその半分の250万円だけが税金の対象になるということです。他の所得と比較してもかなり優遇されていることがおわかりいただけると思います。

この退職金が、いわゆる「死亡退職金」だとどうなるかというと、相続財産の中に入ってきます。

でも、それがそのまま相続財産の中に入って来るというわけではなくて、相続人（社長の奥さんや子供たち）の数に500万円をかけたものが引かれることになります。死亡退職金が2000万円で、相続人が奥さんと子供ふたりの場合だと500万円×3人の1500万円が引かれて、結局、相続財産の中に含まれるのは残り500万円ということになります。

また、この死亡退職金を払うのは当然、会社ですから、社長の死亡後に会社は死亡退職金を未払いで計上することができます。そうすると、それが費用となって会社の法人税を減らすことができるということはもちろんですが、結果的に、会社の株価を下げることにもなります。

さっき、株の評価のところでもふれたように、「純資産価額」で会社の株を評価する場合には、会社の資産と負債のうち、負債の方にその死亡退職金を未払いで計上することができます。そうすると資産と負債の差額としての「純資産価額」もその分減らすことができるというわけです。

本人の所得税の面でも、あるいは相続の面でも、役員退職金は大いに利用価値があるということがこれでお分かりいただけたと思います。ただし、そのためには会社と個人の将来設計を見据えた〝長期戦〟が必要です。「まだまだ、退職なんて先のことさ」などとおっしゃらず、なるべく早い取組みをおススメします。目の前に見えてきてからあわてても、もうほとんど打つ手はありませんからね、社長。

●第２章のポイント

○「公私混同」はダメでも、法人と個人は一体で考える。

○所得の分散を最大限利用する。

○経営者の退職金は保険を使って早くから準備する。

○会社の株の評価方法にはふたつある

(1) 純資産価額方式

(2) 類似業種比準価額方式

○税務上の認められる役員報酬は３つある

(1) 定期同額給与

(2) 事前確定届出給与

(3) 利益連動給与

○役員退職金について

会社を辞めなくても退職金をもらえる方法がある。

役員退職給与の適正額は「最終報酬月額×勤続年数×功績倍率」で計算する。

退職所得控除額の計算方法

・勤続年数が 20 年以下の場合　勤続年数×40 万円

・勤続年数が 20 年超の場合　800 万円＋(勤続年数－20 年)×70 万円

3章

流行らない慰安旅行を社長が喜ぶホントの理由

節税対策に裏ワザはあるか?

社員A「ねぇ、聞いた? 来月、○○温泉に慰安旅行決まったって」
社員B「聞いた。今、それで落ち込んでたとこなの。最悪よねぇー」
社員A「ホント。……ねぇ、一応聞くけど、営業部の古田部長も来るんだよねぇ?」
社員B「もちろんよ。あのセクハラおやじが来ないわけないじゃない。さっき、旅行決まったぞー! ってみんなの前でバンザイしてたわよ」
社員A「……。それにしても、今さら何で慰安旅行なの?」
社員B「それがさぁ、何か、うちの会社、今度の決算でけっこう利益が出そうなんだって。でね、社長がどうせ税金で持っていかれるなら、みんなに還元したいからって……」
社員A「カンゲン? いらなーい、そんなもの! 仕事してた方がイイ!」

こんな会話聞いたら、さぞかし社長もガックリ来るでしょうね。「何だ、せっかくみんなのこと思って旅行に連れてってやろうと思ったのに!」ってね。

確かに、慰安旅行をやればその分「経費」として落ちますから、「利益」も減って、「税金」も減ると。そのうえ、社員にも喜ばれるなら結構なんですが、喜んでいるのは社長と古田部長だけだとしたら、せっかくの社長の善意も随分、色あせてしまいそうです。

利益が出て税金にごそっと持っていかれそうになると、多くの会社で急に「何か買うものはないか？」とか「何かすることないか？」って、役所の予算消化みたいなことが始まります。もちろん、せっかく、苦労して稼いだ金を、どう使われるかわからない税金に持っていかれるぐらいなら、自分達で使ってしまえという気持ちも、わからないではないですが、本当に〝予算消化〟は会社にとってプラスになるんでしょうか？

ごく簡単な例を使って説明すると、利益が１００万円出たので、慰安旅行に１００万円使って利益をゼロにしたとします。利益はゼロですから、税金も当然、ゼロです。「ヤレヤレ、税金取られずに済んだ。良かった、良かった」って……本当にそうですか？

もし、慰安旅行をしなかったら、利益はそのまま１００万円ですから、仮に法人税を含む会社の税金が全部で利益の40％だとしたら、税金は40万円です。税金は40万円取られますが、逆にキャッシュは60万円残ります。慰安旅行をやった場合は、税金は確かにゼロですが、その代わり手元のキャッシュもゼロです。

税金を払って、手元に60万円のキャッシュを残す方がいいのか、〝予算消化〟で貧乏会社になる方がいいのか。その〝予算消化〟も社員全員に喜ばれたり、本当に会社のためになるものであればまだしも、若い社員のヒンシュクを買うだけだったり、数か月後には会社の倉庫でホコリをかぶるだけのモノだったりしたら、何のための「節税」対策なのかわからなくなってしまいます。

「税金の繰延べ」？ エッ、ナニそれ？

さて、「節税」と時々、混同されて使われる言葉に「脱税」というのがあります。両方とも結果として、税金が少なくなるという点は同じですけど、「節税」はあくまで法律の範囲内で「納税者」に認められた行為であるのに対して、「脱税」は法律違反、犯罪行為です。バレたら後ろに手が回ります。

たとえば、売上がドーンと上がって、決算でどうも税金でごそっと持っていかれそうだと。じゃあ、社員に期末賞与を出そうということになって、その分費用にたてたとします（決算月から1か月以内の支払いであれば未払計上でもOKです）。そうすると当然、税金は減ります。結局は、お金は「賞与」として会社の外に出ていくものの、その分従業員への還元はできます。「来年もがんばるぞー！」って会社の士気も上がります。そして、もちろん、これは合法的な「節税」策です。

でも、同じ状況で、税金も払いたくないし、お金も払いたくないと。じゃあ、期末にバイトを雇ったことにして、アルバイト料を費用にたてとけ、領収書は何か適当に名前書いときゃいいさ……ってなったら架空人件費で完全な「脱税」行為、犯罪です。

だから、「脱税」はゼ～ッタイ、やっちゃいけません!

さて、「節税」「脱税」と来て、次は「税金の繰延べ」です。「税金の繰延べ?……エッ、ナニそれ?」って感じですけど、意味は読んで字のごとし。今、払うべき税金を払わずに、将来に繰り延べるということです。一般には、「節税」手段の中に含めて説明されます。

たとえば、会社で保険に入って、毎月、保険料を費用で落としていくとします。当然、その分利益が減りますから、税金も安くなります。でも、解約返戻率が一番高い時期に保険契約を解約して解約返戻金が会社に入ってきたら……。これはもちろん会社の収入ですから、まとめてガッポリと税金を取られます。結局、保険料を払っていた数年間はその分税金は安くなりますが、後で解約返戻金が会社に入ってきた時に、まとめて、その安くなった税金とほぼ変わらない金額を払わされるハメになるということです。だから「税金の繰延べ」っていうことになります。

「脱税」は法律違反ですから、やっちゃいけませんが、「節税」は大いにやった方がいい。ただし、いくら法律の範囲内でも、いわゆる「節税対策」っていうものの中身をよく吟味したうえでやらないと、最初の例の様に、お金は出ていくわ、従業員からは感謝されないわという、踏んだり蹴ったりのことにもなりかねません。

タイプ別「節税対策」の良いとこ、悪いとこ

ということで、本当に会社にとってプラスになる「節税対策」とは何か。そのためには、「節税対策」を次の4つのグループに分けて見る必要があります。その4つとは、

(1)税金は減るが、お金も出ていく方法
(2)税金は繰り延べられるだけで、お金が出ていく方法
(3)税金は繰り延べられるだけで、お金は出ていかない方法
(4)税金は減って、お金も出ていかない方法

です。お金は「出ていく」場合と「出ていかない」場合の2つ、税金は「減る」場合と「先延ばしされる」場合の2つです。後はその組合せです。次の節では、以上(1)から(4)までをひとつずつ詳しく見ていくことにします。

慰安旅行に決算賞与…税金は減るが、お金も出ていく

先ず最初は、税金は減るけれども同時にお金も出ていくという最もポピュラーな節税方法です。冒頭の慰安旅行などがいい例です。他には決算賞与、備品の購入などがあります。費用がたちますから、利益が減って、税金も減ります。

ただし、キャッシュも出ていきますから、結局、税金を払った方が残った現金は多かったなんて本末転倒なことにもなりかねません。

もちろん、現金が減っても、従業員がその分ヤル気になってくれたり、備品の購入でそれまでの不便が解消されたりすれば、いちがいに現金が減ったからダメということにはならないでしょうけどね。要はそのバランスをどう考えるかということですね。

さて、税金は減って、同時にお金も減るというこの節税対策のトップバッターは慰安旅行です。決算月に、どうせ税金で金持っていかれるなら、いっちょフンパツして、みんなでパァーって行こうかっていうやつですね。でも、昔ならいざ知らず、最近では残念ながらあまり人気がないようです。

行くなら、たとえ自腹切ってでも、気の合った者同士の方がいいよねって考える人が増えたっていうことなんでしょうね。

とはいえ、中には、社員は家族同様、何をするにしても和気あいあい、行動はいつも一緒なんて会社もあるでしょうから、そういうところはたとえお金は出ていくとしても、慰安旅行も一考の価値ありかも知れません。

ただし、この慰安旅行の費用も、特定の人だけが参加するものだったり、〝豪華旅行〟だったりすれば、いわゆる「福利厚生費」ではなく、役員や従業員に対する「給与」となってしまいますから要注意です。

で、その「福利厚生費」か「給与」かの分かれ道は次の様なものです。

(1)旅行期間が4泊5日以内であること。(海外の場合には、現地滞在日数での判断です)

(2)旅行に参加する従業員等の数が全従業員等の50%以上であること。

ただし、これはいわゆる「形式基準」です。最終的には旅行の目的や規模などを「総合勘案」して決定されます。ですから、いくら全従業員の半分以上が参加といっても、社長と奥さんだけの会社で、ふたりで慰安旅行にディズニーランドに行ってきましたでは、「それって、家族旅行でしょう」ってことになりますし、金額も、いくらまでならという具体的基準はありませんが、まぁ、常識の範囲内。1人当たり会社の負担額が10万円以内というのを一応の基準と考えた方がよさそうです。

あと、お金は出ていきますけど、従業員のモチベーションを上げるうえできわめて有効なのが「決算賞与」です。慰安旅行とはわけが違います。

ただし、一度出すとつい翌年もと、期待してしまうのが人の常です。経営者としては「今年はたまたま儲かったから出すだけの話で、来年もなんて期待されたらかなわんなぁ」とつい〝危機感〟を持ってしまうかも知れませんね。

さて、この決算賞与、原則は決算月のうちに現金で支給するのが原則ですけど、一定の条件

を満たすものについては、たとえ、決算日までに未払いであっても、費用処理することが可能です。その条件とは、

(1)決算日までに賞与の支給金額を各人別に、全受給者に通知していること
(2)決算日から1月以内にその通知をした受給者全員に賞与を支払うこと
(3)決算でその賞与の額について未払金計上をしていること

こうすれば、決算ではとりあえずお金が出ていくことなく、節税をはかれることになります。正確には、税金の繰延べかも知れませんが、まぁ、1か月以内には、いやでもお金は払わなきゃいけないわけですから、感覚的には、税金は減るけれども同時にお金も出ていくって感じですね。

生命保険は税金が繰り延べられるだけで、お金が出ていく

さて、節税対策の2番目は、税金は繰り延べられるだけで、お金が出ていく方法です。その代表例が、先ほどの保険の活用です。

とはいえ、もともとの生命保険の目的は会社のリスク・ヘッジです。社長に万が一のことが起こった場合に、給与の支払いや借入金の返済、仕入代金の支払いに支障をきたすことだってあります。先ずは、その備えが必要です。

それから、社長の退職金対策。中小企業の場合はもともと、そんなに資金が潤沢にあるわけじゃありませんから、保険金を使った退職金対策を、早め早めに準備しておく必要があります。

3番目は、事業承継対策です。社長に万一のことがあって、いざ相続という時に、社長の財産は自分の会社の株だけみたいなことがよくありますが、会社が含み益のある土地なんかを持っていたら会社の株の評価はドーンと上がってしまって、そんな株を引き継いだ相続人は大変です。相続税を払おうにも、あるのは売れもしない同族株だけ。お金なんか全然ないなんてなったら悲惨です。そういう場合は会社にその株を買い取ってもらうしかありません。つまり、会社が相続人から「自己株式」を買い取るための資金確保としての保険の活用です。

ただし、保険は高い買い物です。掛け捨ての定期保険なら、払った保険料は全額費用処理も可能ですが、資産性の高い保険は、被保険者の契約時の年齢、保険期間などによって保険料が全額損金扱いになるもの、2分の1しかならないものなどに分かれます。それと、いくら毎月の保険料が費用で落ちるといっても、解約時や満期時に入って来たお金は会社の収益です。しっかりと税金の対象になりますから、契約時にはそこら辺のことまで考えておかないと、後でとんでもないことにもなりかねません。

たとえば、毎年、保険料を200万円ずつ払って、費用として落としていくと、税率40%として、税金は80万円ずつ少なくなります。保険料を5年間払い続けたとすると費用合計は10

00万円、税金は400万円少なく済みます。でも、6年目に保険契約を解約して解約返戻金が仮に800万円入って来たとすると、税金は320万円とられます。結局、5年間で400万円税金は安くなったけれども、6年目でいっぺんに300万円ちょっと税金を取られたうえに、保険料は5年間で1000万円払って、800万円しか戻ってこないわけですから、まぁ、その間の万が一の保証があったとはいえ、200万円はドブにすてたようなもので、何とも間の抜けた話になってしまいます。

普通は、その時期に合わせて役員に身を引いてもらい、入って来た返戻金を原資に退職金を支払うわけです。そうすると、収益と同時に「役員退職金」という費用がたって、プラマイゼロで税負担もゼロ。結局、5年間で支払った保険料の節税効果だけが残るとなるわけです。

だから、こういう節税プランは計画的にやらないと、ただお金が出ていきましたということにもなりかねません。ただ、役員に身を引いてもらうといっても、すでに後継者がいるのであれば、今年にするか、来年にするかみたいな話でいいんですけどね。

後継者がいないとか、いても「こいつじゃなぁ……」なんてことだと、まぁ、大変ですね。やめたくてもやめられないみたいなね。

経営者の中には、保険会社の言われるがままに、驚くほどたくさんの保険に入っている方が少なくありません。「いやぁ、保険料は全額、費用になるって言われたんで入ってるんだよ」

なんて言って。そりゃ、費用にはなってるかもしれませんけど、社長が亡くなった時に入って来る保険金がとんでもない数字になってて、これじゃいくら退職金払ったって追いつきませんよみたいなね、空恐ろしいことになってる場合も結構あります。

役員の退職金って第2章でも書きましたけど、税務上、費用に認めてもらえる上限っていうのがありますから、それを超えたらせっかくの退職金も費用に認めてもらえず、入って来た保険金だけよけいに税金に持っていかれたなんていう泣くに泣けないことだって十分、考えられます。

社長、一度、金庫の中の保険証券、全部見直してみてはいかがですか？

特別償却と圧縮記帳はあとから〝効いてくる〟

お金は出ていかず、税金は繰り延べられるだけっていう節税の3番目のパターンです。つまり、税金の先延ばしです。後から税金は増えるんだけど、まぁ、今期はとりあえず、税金少なくしとこうみたいなね。で、その代表格が特別償却と圧縮記帳と呼ばれるものです。特別償却は何となく聞いたことがあるけど、圧縮記帳って聞いたことないなぁって思われた方多いかもしれませんね。まぁ、それは後でおいおい説明していきますので、今はそういうものがあるんだということだけ覚えていただければ結構です。

で、話は特別償却からスタートです。その前に、そもそも、償却っていうのは、これは第4章で詳しく説明しますけど、要は、機械や建物なんかの固定資産については、取得した時に一時の費用でドーンと落とすんじゃなくて、その資産の使用可能期間にわたって少しずつ費用化していくという計算手法です。

で、機械なんかだと5年とか10年、ものによっちゃあ20年なんて長い期間かけて費用化していくものもあります。ですから、先に機械代だけ払ってしまったような場合は、お金はないうえに、費用はわずかしかたたないから、税金はしっかり取られるという、まぁ、なんとも情けない状態になるわけです。

だから、そんな困った会社の窮状を救おうという趣旨で始まったのが特別償却です。特別償却っていうのは、読んで字のごとし、普通の償却費に、特別にプラスアルファの償却ができるというものです。

ちなみに、特別償却に対して普通の償却を「普通償却」って言います（そのマンマですけど……）。

その特別償却制度にも色々なものがあって、その中でも最もポピュラーなのが「中小企業者等が機械等を購入した場合の特別償却」っていう制度です。1台160万円以上の新品の機械を買った場合に普通償却とは別に、最初の年だけ機械代金の30％の特別償却を認めるという制度です。

で、たとえば、機械を500万円で買って、これを毎年100万円ずつ5年で償却（普通償却）するとします。そうすると、最初の年だけ100万円にプラス、機械代金の30％、つまり150万円の償却ができます。合計250万円です。そうすると、税率40％として100万円の節税効果です。普通償却だけだと40万円ですから、中小企業者にとってはうれしい結果です。でも、残念ながら特別償却のありがたみも最初の年だけです。特別償却をした場合の償却費は最初の年が250万円、2年目と3年目が100万円。で、最後の4年目が50万円で終わりです。

一方、普通償却の場合は1年目から5年目まで償却費は100万円ずつです。結局、特別償却は最初の年は費用を多く計上することができるものの、後の年では普通償却だけの方が償却費は多くなります。減価償却はどんな方法をとろうとも、最終的に費用化できる金額は取得価額以上にはなりません。最初にたくさん償却をすれば、後の年で費用化できる金額が少なくなるだけの話です。だから課税の繰り延べです。売上も償却費以外の費用も5年間変わらなければ、トータルの税負担は同じです。

とはいえ、なるべく早い時期に投下資本の回収をしたいという時には有効な手段であることに間違いはありませんけどね。

（注）なお、実際の減価償却は、最終的に資産の取得価額を1円だけ残すことになりますから、最後の年の償却費はその1円を控除した、端数がついた金額となります。

さて、特別償却の次は圧縮記帳です。圧縮記帳っていうのは、たとえば、今、会社が持っている土地を売って、もっと立地条件のいい場所に移りたいとした時に、その土地を売って得たお金を、新しい土地の購入代金に充てられればいいんですけど、残念ながら、土地を売って売却益が出たら、税金を払わなきゃいけないですね。そうすると残った土地の売却代金だけでは新しい土地が買えなくなりますから、これじゃあ何のために土地を売ったのかがわからないってことになります。

そこで土地を売って出た売却益のうち一定部分については、新しく買った土地の代金をグーッと圧縮する、つまり「圧縮損」という損失をたてて、売却益と相殺してしまおうという制度です。

他にも、入って来た保険金で固定資産を買った場合の圧縮記帳や、収用があって、その補償金でかわりの資産を買った場合の圧縮記帳なんかがあります。そういった中でも一番、ポピュラーなのが「特定資産の買い替えの場合の課税の特例」といわれるものです。

これは自社の土地や建物などで所有期間が10年を超えるものを売って、新しい土地や建物、機械に買い替えた場合などに、今話したやり方で税金の負担を軽くしようというものです。圧縮できる金額は売却益の80％までです。

帳簿価額２０００万円の土地を1億円で売ったら、８０００万円の売却益が出ます。このままだとガッポリ税金をとられてしまいますけど、土地を売ったその1億円で新しい事業用の土地を買ったら、売却益８０００万円の80％、６４００万円の「圧縮損」をたてることができます。そうすると、課税の対象は売却益から圧縮損をひいた１６００万円だけになるというわけです。これで、税負担はかなり軽くすることができます。

でも、将来、この土地を売ったらどうでしょう？　その時は、1億円で買ったこの土地の帳簿価額は、圧縮損６４００万円をたててますから、３６００万円になっています。

仮にこの土地が、買い替えた時と同じ1億円で売れたとしたら、譲渡益は６４００万円で今度はしっかりと税金を持っていかれます。つまり、買い替えた時に課税を免れた売却益６４００万円は将来、その資産を売った時にはちゃんと税金の対象になってしまうということです。だから、圧縮も特別償却と同様、課税の繰り延べ、災難は忘れたころにやって来るというわけです。

税金が減ってお金も出ていかない税額控除は節税対策の王道

節税パターンの最後は、税金も減ってお金も出ていかないという理想的パターンです。代表例は「税額控除」。

税額控除というのは、いったんルール通りに計算した税額から、一定の金額を最後にポーンと引いて、税額を直接少なくすることができる制度です。だから、お金は一銭も出ていきません。税額が直接減らせる制度で、繰り延べじゃありませんから、後からその分税金が増えるなんてこともありません。いいことずくめです。

で、具体的に、どういうものがあるかというと、さっき、特別償却のところで、「中小企業者等が機械等を購入した場合の特別償却」のお話をしましたけど、この制度には、特別償却の代わりに「税額控除」を選択することができる制度もあります。率は７％です（ただし、その期の税額控除前の法人税額の20％を限度とします）。

ですから、機械の値段が５００万円だとしたら、税額控除は５００万円の７％で35万円です。その代り、特別償却はできません。普通償却だけです。

同じ機械を買って特別償却をした場合と比べると、最初の年の税負担は、特別償却の方が有利になります。税額控除の方は35万円の節税効果ですが、一方特別償却を選んだ場合は、先ほどの例で特別償却費が機械代金の30％、１５０万円ですから、税率40％で60万円の節税効果になります。差引25万円、特別償却の方が有利だということです。

ただし、これは最初の年だけです。特別償却を選択した場合は5年間トータルでの税負担は普通償却しかしなかった場合と結局は一緒です。でも、税額控除であれば、確実に税金はその分安く済みます。とはいえ、会社としては、なるべく早く資金の回収をしたいという場合もあるでしょうから、一概に税額控除が有利だとも言い切れない面があります。判断はより慎重にということです。

他に、税金も減ってお金も出ていかないという節税の理想的パターンには、次の様なものがあります。

会社規模も大きくなってくると、実際には使われていない資産が、ただ帳簿上残っているという様な場合がよくあります。昔は、減価償却も取得価額の95％までしかできませんでしたから、〝用済み〟になった資産が償却もされず、残額の5％を残したまま、ずっと決算書上に載ったままというようなことがあります。今では、それが備忘価額の1円を残して、最後まで償却できるように法律は改正されましたが、使われていない資産は元々、減価償却はできません。いらなくなった資産、使われなくなった資産はさっさと捨てて「除却損」を計上したほうが有利です。

もうひとつ、在庫をかかえる商売の場合だと、知らない間に、売り物にならない商品が倉庫にたまっていたというようなことがあります。こういうものについては「評価損」を計上することができます。

どういう場合に「評価損」を計上できるかというと、ひとつは災害によって売り物にならなくなった場合、もうひとつは、「著しい陳腐化」です。具体的には、季節商品で売れ残ってしまったために、もう、定価ではとても売れなくなってしまった場合とか、新商品が発売されたことで、同じく、今までの価格では到底、消費者から買ってもらえなくなったというような場合です。

在庫の価額は「時価」まで下げることができます。

で、この時の「時価」って、季節商品の売れ残りなら、その状態で今、仮に売り出したとしたら「まぁ、これくらいだったら売れるよねぇ」っていう金額です。捨てるつもりはないんだけど、もし、廃品業者に引き取ってもらうとしたら「キロ100円ぐらいかなぁ？」っていうようなスクラップ価額じゃありませんからね。念のため。

●第３章のポイント

○「節税」は合法的に税金を安くすること
「税金の繰延べ」は一般に「節税対策」に含めて説明されるが、今払うべき税金を将来に繰り延べるだけである。

「脱税」は法律違反、犯罪行為である。

○節税対策には４つのパターンがある
(1)　税金は減るが、お金も出ていく方法
(2)　税金は繰り延べられるだけで、お金が出ていく方法
(3)　税金は繰り延べられるだけで、お金は出ていかない方法
(4)　税金は減って、お金も出ていかない方法

○慰安旅行が福利厚生費と認められる基準
(1)　旅行期間が４泊５日以内であること。
（海外の場合には、現地滞在日数で判断する）
(2)　旅行に参加する従業員等の数が全従業員等の50%以上であること。

○決算賞与の未払金計上が認められる条件
(1) 決算日までに賞与の支給金額を各人別に、全受給者に通知していること。
(2) 決算日から１月以内にその通知をした受給者全員に賞与を支払うこと。
(3) 決算でその賞与の額について未払金計上をしていること。

○「特別償却」も「圧縮記帳」も「税金の繰延べ」である。

○「税額控除」を利用すると税金も減って、お金も出ていかない。

4章

「社長の車は中古のベンツに限る」はホント？　ウソ？

機械代払って、税金も払って、もうお金なんかあるもんかぁ！

「減価償却はむずかしい」ってよく聞きます。なぜか？　理由は多分ふたつあるんだろうと思います。ひとつは機械なら機械を買った時に「お金はあんなに出ていったのに、それが払った時の費用にならないのはナンデ？」っていう疑問。

もうひとつは、じゃあ、その払ったお金が、最終的に、どう経営に影響するかっていうことがどうもハッキリわからないってことのふたつです。

で、「減価償却」って簡単に言うと、機械とかの固定資産を、たとえば100万円なら100万円で買っても、それを買った時に、即、費用に落とすんじゃなくて、少しずつ何年間かにわけて費用に落としていくっていう計算方法です。

これが、たとえば給料みたいに、社員がその月働いた分に対して払うものだったら、その時の費用で落としていいわけですよね。その月営業で駆けずり回ったけど1個も商品売れませんでしたっていう時だって、じゃあ、その給料は来月以降の費用にしようなんてしなくていいわけです。事務所の電気代だってそう、今月の電気代は今月の費用です。

でも、建物とか機械とか買った時はそうはいかない。たとえば、会社で1億円の機械を買ったとします。支払はキャッシュです。お金、出ていっちゃったんで、経営者としてはこれ、即、費用に認めてもらいたいと思うわけです。何せ、お金もうないんですから、費用に認めてもらわないと、利益が出たことになって税金払わなきゃいけないことになると。

でも、残念ながら会計の考え方はそうはなっていない。会計の基本的な考え方は「収入と費用はそれぞれの〝結びつき〟で考える」ってことになってます。リンゴを1個100円で仕入れて150円で売りましたっていうのは〝直接的な結びつき〟です。

もうひとつは、車のガソリン代なんかがそうなんですけど、青果市場とお店との間を行き来するのに使ったガソリン代は売れたリンゴに関係してるのか、売れ残ったリンゴに関係してるのか分からない。分からないけど今年の売上をあげるのにどうしても必要だってことだけは分かってるから、こっちは〝間接的な結びつき〟ってことで費用に落とすわけです。〝期間的な結びつき〟と言ってもいい。

じゃあ、建物とか機械はどうかっていうと、今年1億円で機械買ったけど、何のためにその機械買ったかっていうと、「すごくカタチが良くて、ずっとながめていたいから」なんて理由で買う人いないわけですよ。

目的はひとつ、その機械買って、売上増やしたいから買うんですね（まぁ、経費削りたいっていうのもありますけど）。それも、今年だけ売上が増えればそれでいいっていうんじゃなくて、その機械が使える間はずっと売上増やしたい、少なくとも同じ売上高はキープしたいって思って買うわけですよね。

だったら、その機械代はその機械が使える期間に分けて費用に落としなさいっていうのは……ねっ、理にかなってるでしょ、〝考え方〟としては。

税務もこういう時は「そうだ、そうだ！」って会計を全面的にバックアップするわけですね。で、〝考え方〟としては理にかなってるんですけど、いかんせんお金が出ていくから、困ったことになる。お金だけ出て行って、費用にならないもんだから、利益は減らずに税金が出ていくと。機械でお金が出ていき、税金でまたお金が出ていく。だから、どの会社も資産の購入にはシンチョーになるんですね。

やってみなけりゃ分からない？「先行投資」の吉と凶

でも、まぁ、これは今んとこ、会計上のルールとして、また、税務上も法律として決まってるから従わざるを得ないと。じゃあ、次の「払ったお金が、最終的にどう経営に影響するかっていうことが、どうもハッキリわからない」っていう点はどうでしょう。

ここに毎年、２０００万円の利益をあげている会社があったとします。そうすると税率40％で税金が８００万円です。税金引いた後の利益は１２００万円ですから、仮に10年間同じ状態が続くとすると、トータル1億2000万円のキャッシュが残ることになります。これがケースの1。

じゃあ、その会社が1億円で機械を買ったとしましょう。機械は10年間使えるとします。お金も1億円出ていきました。で、それが即、費用にならないっていうのも、もうキマリだから分かりましたと。

そうすると、機械代1億円を10年間で割った1000万円を費用（これを「減価償却費」っていいます）にたてるとしたら、利益は2000万円引く減価償却費1000万円で1000万円になります。税金は税率40％として400万円。で、税金引いた後の利益が600万円ってことになります。これがケースの2です。

で、ここからが大事なところです。税金引いた後の利益は600万円ですが、減価償却費っていうのは費用であってもお金が出ていかない費用です。だから、残った利益600万円に減価償却費の1000万円を足した1600万円がキャッシュっていうことになる。

そうすると10年間、同じ数字が続くという前提だと1億6000万円のキャッシュになります。ただし、先に機械代1億円払ってるんで、差引6000万円しかキャッシュは残らない。

ケースの1と比べてどうでしょう。ちょうど6000万円キャッシュが減ったことになりますよね。この6000万円って、出ていった機械代の1億円と減価償却費をたてたことによる節税効果4000万円（年間400万円の10年分）の差額です。結局、1億円の機械買ったけど、結論として4000万円節税ができただけで、6000万円余計にお金が出ていっただけということになります。

じゃあ、そうしないためにはどうすればいいかっていうと、もう、これは売上を増やすしかない。1億円出して機械買ったおかげで、売上も増えて、利益も2000万円から3000万円に増えましたと。減価償却費の1000万円は変わらないから、結局、利益は2000万円です。税金は40％で800万円。税金引いた後の利益は1200万円。で、これに減価償却費の1000万円を足すとキャッシュは2200万円。10年間トータルで2億2000万円。ケースの1で10年間のトータルが1億2000万円ですから、10年かけて機械代の1億円は回収したことになる。これが、いわゆる「投下資本の回収」っていうやつです。

でも、これじゃあ、1億円の機械買って10年間がんばったのに、キャッシュは最初のな〜んにもしない状態と同じになっちゃう。だから、もっともっと、がんばって売上あげるとか、このままいったら会社は先細りしていくだけだから、起死回生、一発ここらでやってみるかって場合じゃなきゃ、「先行投資」はなかなか報われないってことになります。

それでも、今のケースは、期間10年間、ごくごく簡単な数字のシミュレーションでしたけど、鉄骨鉄筋コンクリート造りの本社ビルなんか建てるとなったらどうします？　使用可能期間は

50年。本社ビルなんて普通、売上にはほとんど関係しないわけだし。もし、こんなもの借入金で建てたりしたら……。

ところで、社長、今度買う予定の新車のベンツ、いくらでしたっけ？　……え？　もう一度考えてみるって？　ハ〜イ、わかりました。

売れてる間に落としてしまえ！　減価償却方法のかしこい選び方

さて、次は減価償却の計算です。いや、計算ったって、そんな複雑な話しようってんじゃないんです。複雑なことは専門家に任せるっていうのがこの本の基本的スタンスですから。じゃなくて、減価償却の計算のイロイロがどう経営に影響するかって話です。

で、最初に、これから減価償却の話を進めていくうえで、もうこれは覚えておいてもらった方がかえって時間の節約になるだろうっていう基本中の基本の〝専門用語〟を紹介します。

・取得価額……機械や建物などの固定資産を買ったり、つくったりした時の当初価格のことです。

・耐用年数……その資産の使用可能期間。たとえばパソコンは4年、営業用の車は6年という様に税務上、各資産ごとに細かく決められています。実務上、ほとんどの会社がこの法定の〝使用可能期間〟を使って減価償却計算をします。

・償却率……その資産の耐用年数ごとに決められた〝率〟のことで、取得価額などにかけて償却費を計算します。

ということで、先ずは減価償却の計算方法から。計算方法は大きく分けて次のふたつです。

(1)定率法
(2)定額法

(1)の定率法は、資産を買った最初の方の年で減価償却費をドーンと計上して、後半は逆に減って行くというやり方です。たとえば、1000万円で買った新車のベンツを定率法で償却するとします。耐用年数は6年です。最初の年の償却費は約420万円、ほぼ半分に近い金額がドーンと費用に落ちます。次の年は240万円、最後の6年目は60万円です。

これに対して(2)の定額法はその名の通り、毎年定額を計上していくやり方です。償却費は170万円弱です。これが毎年6年間続きます。

で、結局、この定率法と定額法の経営に与える影響はっていうと、定率法は最初の方でドーンと償却できますから、それだけ節税効果も大きいと。最初の年なんか定額法の2・5倍ぐらい償却ができちゃうわけですから。とはいっても結局、最終的に償却できる金額は同じですから、耐用年数が6年ぐらいだと、まぁ、そんなにねぇ……って感じです。

でも、これが1億円の機械で、耐用年数が10年としたら定率法の方は最初の5年間で7600万円ぐらい償却できるんですね。定額法は5000万円です。その差、実に2600万円です。

まぁ、普通、新しい機械入れるってことは、最初の方は売上も上がるでしょうから、その時にドーンと償却できたら、やっぱりこれはデカイ。で、5年過ぎた頃になると、もうそろそろその機械の効果だってうすれてきて、売上だってそんなに上がんないと。そうなれば償却費が少ないのも、まぁ、それほど困らないってことになってくるわけです。

ちなみに、この償却方法は会社を作った時にどっちか選んで税務署に届出を出さなきゃいけません。それで、いったん選んだら、最低3年間は別の方法に変えることはできない。それから、建物は定額法でしか償却することができませんので、念のため。

使わなくなった資産を、捨てずに「捨てる」方法

減価償却は機械や建物の取得価額を、その耐用年数にわたってちょっとずつ費用化して行く方法ですけど、費用化して行くためには、ひとつ条件があります。それは、

会社の事業に使っていること

です。時々、ありますね、工場にある機械をずっと使ってきたんだけど、新品の機械入れてからはもう使わなくなっちゃったと。で、ホントは捨ててもいいんだけど、捨てるにも金かかるし、工場の片隅でホコリかぶってますみたいなやつ。

他にも、使わなくなったワープロ（ほとんど死語。でも今でも時々見かけます）、捨てもせず、倉庫に積み上がったままの古い応接セットなどなど、こういう〝忘れられた存在〟は残念ながら、減価償却できません。

減価償却資産って法律で「建物、機械、車、器具備品、ソフトウェア、特許権なんかの権利などをいう」って書いてありますけど、その条文のカッコ書きの中に「事業の用に供していないもの及び時の経過によりその価値の減少しないものを除く」ってちゃんと書いてあるんです。だから、会社で実際には使われていない資産は減価償却できません。

ちなみに、「時の経過によりその価値の減少しないもの」って書画骨董の類です。でも、まぁ、これも判別がむずかしいですよね。ホントに「価値の減らない」骨董品なのか、最初から価値のないガラクタなのか。

絵画の場合は1号（大体ハガキ1枚の大きさ）が2万円未満、それ以外だと1点20万円未満のものは減価償却していい、つまり「将来的に価値が上がることはない」って判断されちゃうわけです。うれしいようなうれしくないような。社長室の絵やツボは一度見てもらって下さい。もっとも「エーッ！　だまされたー！」ってなっても私は知りませんけど……。

話は戻って、「事業の用に供していない」資産は結局どうすればいいかって、そりゃ、捨てるしかないんです。じゃないと「除却損」（＝損失）がたてられませんから。「除却損」の金額は固定資産を廃棄した時の帳簿価額（決算書にのってる、まだ償却していない部分の金額）とイコールになります。

1000万円の資産をずっと償却してきて、帳簿価額が200万円だとしたら、その200万円が「除却損」になります。

で、会社もある程度の規模になってくると資産もふえてきて、日頃の管理がちゃんとしていないと、結構、使われていない資産なんかがそのままほったらかしになってたりするもんです。

こんなのも、まとめてポイしてしまえば、損失も結構な額になりますから、もったいない話なんですけどね。

でも、そんなに簡単に捨てられない大型の機械なんかの場合はどうすりゃいいのかっていうと、捨てるっていっても実際は専門の業者に頼まなきゃいけなかったりするわけで、処分代だけでン十万円、下手したらン百万円かかるようなものだってあります。

そんな場合は、実際には捨てなくても、そのまま「除却損」を計上する方法があります。「有姿除却」っていうんですけどね。〝姿〟は有るけど、除却しましたっていうやつです。

ただし、この場合はもう2度と会社の事業に使えないってことがはっきりしてなきゃいけない。たとえば、機械だったら、すごい大切な、それがなかったらその機械を動かすことが絶対不可能っていうような部品を抜いて捨てちゃうとか、表面を大きなトンカチでボコボコにしてしまうとか。そしたら、まぁ、もう2度と使えないって分かりますから。

とりあえず捨てたことにして、ほとぼりが冷めた頃にまた使おうなんて、そんなムシのいいことはダメですからね！

税務署より、銀行がコワイ減価償却費？

普通、会社は減価償却資産を持っていれば、決算で減価償却費を計上します。「普通」っていうのは減価償却費を税務上の限度額いっぱい計上して、なおかつ会社が黒字になる場合です。まぁ、会社経営が一番、健全な場合ですね。もちろん、こんな場合は、減価償却費は償却限度額を計上します。そうしないと、利益がその分ふくらんで、よけいな税金払うことになりますから、これは絶対やります、言われないでも。

じゃあ、次に、減価償却やる前で、すでに赤字の場合だとどうなるかです。まぁ、こういう場合は、これ以上赤字増やしたってしょうがないんで、大抵の会社は減価償却しません。減価償却ってするもしないも会社の任意ですから。

さらに、減価償却やる前で、一応黒字なんだけど、減価償却を限度額いっぱいやったら赤字になる場合だったらどうでしょう。

税金のことだけ考えたら、めいっぱい償却やって「赤字」にして、一件落着ですよね。税金払わなくていいんですから。でも、銀行からお金借りてる場合はそうはいかない。まぁ多少、税金払ってでも黒字にしとかないと、「貸し剝がし」なんてされたらエライことですから。

だけど、そこで実際、いくら償却費を計上するかって、結構悩ましい問題です。償却費を一部だけ計上して、利益出しといて、税金も払うと。なおかつ、ここが一番大事なところなんですけど、さっきも書いたように、減価償却費ってお金の出ていかない費用ですから、税金を払った後の利益と減価償却費をプラスしたものがキャッシュとして使える金額になるんですね。

で、このキャッシュが借入金の年間返済額以上になってないといけない。返済額に足りないと、要は、お金返せないってことですから。ね、だから、どうしたってそこら辺の調整が必要になるんです。

一応黒字なんだけど、償却費を限度額いっぱい計上したら赤字になるって場合はそこら辺のこと、十分に気をつけてくださいね。

「エッ!? 減価償却費ってそんな一部やったり、やらなかったりって調整していいわけ?」って、ひょっとして思いました? いいんです。法律にも費用になるのは「償却限度額に達するまでの金額」となってます。

つまり、減価償却費の限度額が1000万円だったら、1000万円をこえなきゃいくらでもいいわけです。1円でもいいし、100万円でもいい、500万円でもいいわけです。じゃあ、今期、500万円だけ償却やっといて、余った500万円は来年、その年の償却限度額にプラスして計上できるかっていうとそれはできない。それはできませんけど、赤字の間はずっと償却やんないで、利益が出だしたらやろうっていうのはOKです。会社立ち上げたばっかりっていう時は使えます。

取得価額はこうして決まる。資産と費用の間のグレーゾーン

減価償却費を計算するためには、先ず、最初に資産の「取得価額」を決める必要があります。「取得価額って要するに買った時の値段でしょ？　請求書に書いてある。他に何かあるの？」って、まぁ普通、そう思いますよね。

でもちょっと違う。小さなものだったらそれでいいんですけどね。パソコン買ってきて、箱から出して、自分で配線やって、「ハイ、スタート！」っていう場合は、電気屋さんに払った金額が、即、取得価額で全然ＯＫですけど。まぁ、ものによっちゃあ色々とややこしい取り決めがありまして。ということで、今回はそこら辺のお話です。

で、ここでクイズです。車を買う時って見積書に色々と金額が書いてありますね。じゃあ、あの中で車の「取得価額」になるものってナ～ンダってなったら、結構むずかしいと思うんです。ということで、左のうち、その「取得価額」になるものを選んでみて下さい。

①車両本体価格
②自動車取得税

③自賠責保険料
④検査登録費用
⑤カーナビ

正解は……①と⑤です。②から④は、まぁ、車買う時に必ず必要なものですから、後から話す、「その資産を事業用として使うために直接必要な費用」にあたりそうですけど、一応「事後的費用」ってことで、取得価額に含めなくてもいいよってなってます。で、正解の方ですが、①は当然として、⑤は「エッ？　カーナビも！」って〝感〟がします。

カーナビなんて今、単体で買ったら安いのは3万円ぐらいでもありますからね。それを100万円、200万円する車両本体にプラスして減価償却しなさいって、ネェ。「いいじゃない、それくらい」って言いたくなりますけど。

さて、固定資産の取得っていうと、普通、「購入」っていうのを想像しますけど、他にも、「製造」っていうのがありますね。「建設」もそう。それと「育てた」っていうのもあります。「……育てた？」。そう、「育てた」。でも、人間じゃないですよ、牛や馬とかのことです。

他にも、会社の合併で受け入れた場合なんてのもありますね。で、こういったものに共通しているのが「その資産を事業用として使うために直接必要な費用」です。

たとえば、機械なんかの場合、高いものになると買ってきてポンと置いただけでは普通使えません。専門の人がやって来て据付けやって、試運転やって、ちゃんと正常に動いたところで、じゃあ、今日から正式に使いましょうってなるわけですよね。だから、そういった一切の費用も資産の取得価額に入れなさいってことになってます。

大きな買い物する時はそういったところにも十分気をつけてください。結構、大きな金額になったりすることがありますから。

で、今度は「取得価額」に入れなくていいものの話です。さっき、車のところで話しましたけど「事後的費用」は「取得価額」に入れなくてもいいってことになってます。

自動車取得税の他にも、家や土地を買った時の「不動産取得税」もそう。払った時の費用でいいよってなってます。他にも、登記登録のための費用も費用処理ＯＫです。

ちなみに1億円の土地買ったら、原則的には不動産取得税だけで３００万円ぐらいかかってきます。しかも、買ってから何か月もたったころに突然「払え」って言ってくる。まぁ、「費用でいいよ」ってなってるのがせめてもの救いですけど……。

じゃあ、不動産買った時によくある「固定資産税の負担分」ってどうでしょう。固定資産税って、その年の1月1日現在の所有者に対してかかってくる税金なんで、たとえば、その年の7月ごろに土地売っても、その年の税金はずっと前の持ち主が払わなきゃいけない。

でも売る方としてはちょっと納得いかないですよね。もう土地は自分の手離れてるわけですから。で、売っちゃった後に支払期限が来る税金は、買主の方に「払ってね」ってなるんです。

それで、買った方も仕方ないから「わかりました」って言って払うんですけど、そりゃ「税金」払った気でいるから、その分「費用」に落ちるって思いますよね、さっきの話の流れからしても。

でも、残念ながら、これは取得価額にしなさいってなってるんです。リクツは、固定資産税は、本来、1月1日の所有者に対してかけるものだから、その後で売ろうと、タダでやろうと関係ありませんと。買い手が払ったのは税金じゃなくて、売り手と話し合って決めた「固定資産税相当額」に過ぎませんっていうことなんです。

……まぁ、リクツはそうでも、なんか納得いかないですよね、フツーの感覚からすると。

30万円未満なら費用化OK。減価償却の掟破りは三者三様

会社も大きくなってくると、固定資産の数もふえてきて、これをひとつひとつ管理するのも並大抵じゃありません。ということもあって、金額の小さいやつについては、いちいち資産ご

とに耐用年数決めて、償却率かけてなんてメンドウなことやらなくてもいいよってなってます。でも、この「メンドウなことやらなくてもいいよ」って制度が、実は3つもあって、これが結構、メンドクさい！

「ナニ、ソレ？」みたいな話ですが、その3つっていうのは、

①10万円未満の資産……「買った時に即、費用に落としていいよ」制度
②20万円未満の資産……「3年間で3分の1ずつ費用に落としてね」制度
③30万円未満の資産……「買った時に即、費用に落としていいよ」制度

①と②は何となくわかるけど、③はナニ？　30万円未満だったら即、費用に落としていいっていうんなら、①の10万円未満の資産の制度なんていらないじゃないって、まぁ、普通思いますよね。でも、一応、それぞれに理由はあるってことで、順番に説明していきますね。

先ず、①の10万円未満の資産は買った時に即、費用に落としていいよっていう制度ですけど、まぁ、これはその通りです。データの管理に必要だからってパソコン買ってきたとします。パソコンって、本来は「器具備品」で、耐用年数も4年って決まってますけど、これが1台8万円とかだったら、10万円未満（「未満」って9 9、9 9 9円までってことです）ですから、費

用に落としていいと。
じゃあ、パソコン本体は8万円なんだけど、キーボードとプリンターあわせたら10万円超えてしまったって場合は？　これは即、費用っていうのは認められないんです、残念ながら。
何でかっていうと、10万円未満かどうかの判定は、基本通達でもって「通常1単位として取引されるその単位」でやんなさいと。パソコンなんかの場合だと「一組」とか「ひとそろい」を判断基準にしなさいってことになってるからです。まぁ、パソコン本体だけ買ってきて、じっとながめてるだけの人っていませんしね……。実際、ここら辺は悩ましい問題ではあります。どこまでが「ひとそろい」なのか、何をもって「一組」とするのかってね。

で、次が②の20万円未満の資産は3年間で3分の1ずつ費用に落としてねっていう制度です。正式には「一括償却資産」っていいます。「一括」っていうのは20万円未満の資産だったら1個1個じゃなくて、そういった資産をギュッとひとつにまとめて3分の1かけて費用にしていいよっていうことです。もちろん、10万円未満の資産だってこっちのグループに入れて3分の1にしたってOKです。

で、最後は30万円未満の資産で買った時に即、費用に落としていいよっていう制度です。これは「法人税法」じゃなくて、第1章で紹介した「租税特別措置法」（略して「措置（そち）法」です）で規定しているキマリです。だから、当然「時限立法」で、要は早いモン勝ちです。いつなくなってしまうかちょっとわからない。

ただし、適用を受けることができるのは資本金1億円以下の中小企業で、青色申告書を提出している会社だけ。しかも、限度額があって年間３００万円まで。１台30万円少し切る程度の資産だと最大10台までです。それでも、大きいですよね。ちょっとした器具とか備品だったら年間３～４台買って、１００万円前後の金が費用で落ちるんですから。そんな買い物予定があったら是非、ご利用を。

ちなみに、③の制度は、10万円未満の資産でも、20万円未満の資産でも使えますからね。要は30万円未満であれば何でもＯＫってことです。お間違えない様に。

ベンツは中古に限る？　数字ではかれる結果とはかれないもの

さっき、耐用年数についてちょこっと説明しました。耐用年数って、要はその資産の使用可能期間のこと。本来はそれぞれの会社が各資産ごとに「これだったら、●年ぐらい使えそうだなぁ」って決めるものなんですね、会計的には。

だけど、そんなことイチイチやってたら大変だし（っていうかできない）、仮に、会社ごとで勝手に決めちゃったら、いろいろ不都合があるだろうってことで、ほとんどの会社が国が決めた耐用年数、つまり「法定耐用年数」で減価償却やってます。

で、この法定耐用年数は当然のことながら、「新品」の使用可能期間です。じゃあ、「中古」買った時はどうするかっていうと、原則的には自分とこで見積もるってことになってます。なってますが、現実にはなかなかねぇ、「見積もって」って言われたって見積もれるもんじゃない。ということで、大抵は「簡便法」っていう方法を使うことになります。算式はこんなです。

法定耐用年数－経過年数＋経過年数×20％

たとえば、車の耐用年数は新品の場合6年ですけど、新品買うのもなんだからって、4年落ちの中古車買ったとします。この「簡便法」使うと、

6年－4年＋4年×20％＝2・8年（端数は切り捨てして2年）

ということになります。耐用年数2年です。そうすると、最初の方でお話しした「定率法」の償却率は1・0ですから、買った値段に1・0かけて償却費を計算するわけです。つまり、買った値段イコール償却費となります。減価償却するなら「中古」に限るというわけです。

もっとも、減価償却費は原則「月割計算」ですから、事業年度の最初に買わないとそうはな

りません。３月決算の会社だと、４月の30日に買っても１年分まるまる減価償却できますけど、9月に買ってしまったら12分の７しかできません。固定資産は「いつ買うか」を決めてから、かしこく減価償却が鉄則です。

もちろん、「中古」だと、修繕費がとんでもなくかかったり、使い勝手が悪かったりと、いいことばかりではありません。

たとえば、ベンツのSクラスの中古（４年落ち）を４００万円で買ったとします。４年落ちですから最初の年に車代は全部落とせます。税率40％で１６０万円の節税効果です。差引２４０万円で中古とはいえベンツのSクラスを手に入れることができるわけです。もちろん、修繕費はゼロという前提ですけど（……ありえない?・）。

これが新車の場合だとどうなるかっていうと、新車の代金が１３００万円で、仮に４年たった時点で４００万円で売れるとします。４年間の償却費の合計が約１１５０万円で、この節税効果が４６０万円。でも、４年後に４００万円で売るわけですから、売却益に対する税金が約１００万円発生します。そうすると節税効果は差引３６０万円ほどです。

つまり、新車代金に１３００万円使って、節税効果が差引３６０万円、４年後の売却価格が４００万円で差引５４０万円お金が出てったことになります。

何年後にいくらで売れるかによって数字は大きく違ってきますけど、それでも中古と新車で残るお金の違いが、この場合3００万円。4年の間にどれだけ修繕費が発生するか、燃費は、なんて考えていったら……。ン――、社長、どうします？
「先生、オレのモチベーションが違ってくるってことも考慮しといてくれる？」って。あっ、確かにね。

税理士泣かせの修理費のグレーゾーン。借入れと修理は計画的に

会社の資産も人間と同じで、使っていくうちにいろいろとガタがきて、あっちが壊れ、こっちが壊れということが起こります。で、修繕ということになるんですが、この修繕費の取扱いが結構、やっかいです。もちろん、「修繕費」自体は税務上も費用なんですけどね、どこまでが「修繕費」で、どっからが「資産の取得」かって問題がなかなか一筋縄ではいきません。

たとえば、ある日突然、会社のコンピュータ・システムが完全にストップしてしまったとします（……考えたくないですけど）。もう、社長以下全員、目が点状態で、とりあえず、業者に来てもらって、なんとか昼までにはもとどおりの状態に戻すことできたと。この場合、業者に払った料金はもちろん「修繕費」です、もとに戻っただけですから。こういうのを「原状回復」って言います。

でも、またこんなことになったら大変だっていうんで、部品の一部をちょっと性能のいいの

に取り換えましたってなったら、その部分は「資産の取得」です。資産の「価値を高める」ってことになるからです。

考え方の基本は、その資産の「使用可能期間を延ばしたり、価値を増やすものは修繕費じゃなくて資産の取得ですよ」ってことになってます。でもね、使用可能期間を延ばすとか価値を増やすなんて言われたって、実際にはよくわからない。「社長、エアコンの修理終わりました。で、このエアコン、20万円ほど価値増やしときましたから」なんて話、あまり聞いたことないですからね。

だから、工場に置いてある大きな機械が、どうも最近、効率が落ちてきたようだと。じゃあ、いっぺんメーカーに見てもらおうということで点検を頼んで直してもらったとします。で、メーカーに聞いたら「あぁ、ちゃんと元通り使えるようになりましたよ」って。

「元通り」なら修繕費で良いはずなんだけど、送られてきた請求書見たら、何だか聞いたことない様な部品名がズラズラーと書いてあると。「これは壊れた部品の取り換えだから修繕費でいいけど、こっちはナニ？　えらく高い部品だけど、これって機械〝元通り〟にするためだけなの？　それともこれで前より効率よくなったりするわけ？　エーッ、わかんないよ！」

なんてことがよくあるから困るんです。

で、こういう判断に迷うようなこと結構多いんで、そのために「ハイ」「イイエ」形式で答えていってどちらか判断できるような、いわゆる「形式基準」っていうのがあります。

どういうものかっていうと、先ず、払った金額が20万円未満だったら、問答無用で修繕費でいいよってなってます。だからって、請求書何回かに分けて書いてもらおうっていうのはダメですからね。あくまで、1回の修理が20万円未満ってことです。

で、次が「その修理を大体3年以内で定期的にやってる場合」っていうのが来ます。ちょっと大きな機械とかだったら結構、使えそうでしょ、これ。

「法定」とかじゃなくても、実際に3年以内に定期的にやってるものだったらOKです。5年に1回、どうしてもちょっと大がかりな修繕やんなくちゃいけない様なものなら、半分だけ早めにやっちゃうとかね（まぁ、ビルの塗装、半分だけやるってわけにはいかないでしょうけど……）。

いずれにしろ、ある程度の規模の修理が定期的に発生するものだったら、計画的にやらないと損するってことですね。

それから、次は支払った金額が60万円未満だったり、その資産の取得価額の10％以下だったりした場合も、修繕費でいいよってなってます。

ただし、これはその修理の内容が「費用処理ＯＫなのか資産計上すべきものなのかわからない場合は」という前提つきです。

でも、そもそも「費用か資産かわからない場合」が何なのかがわからないから困ってるわけでして……。

で、最後に、やっぱり「費用か資産かわからない場合」って前提つきですけど、会社が、過去からずっと払った金額の30%だけ費用にして、残りを資産にするような経理処理してるんなら、それも認めましょってことになってます。なってますけど、これもさっきと一緒で、「費用か資産かわからない場合」が何なのかがそもそもわかんないわけだし、やり方も何だかちょっと「乱暴だなぁ」って……思いませんか?

いずれにしろ、「修理」で払ったお金が「費用」になるか「資産」になるかの判断はむずかしい。専門家である税理士によく相談のうえ……って、その税理士がわかんないことが多いから困ってんですけどねぇ!

●第４章のポイント

○固定資産が一度に費用に落とせないのは、その資産が一定の使用可能期間にわたって売上に貢献すると考えるからである。

○減価償却の計算に必要なもの
・取得価額・・・固定資産を買ったり、つくったりした時の当初価格のこと。
・耐用年数・・・その資産の使用可能期間。たとえばパソコンは４年、営業用の車は６年という様に税務上、各資産ごとに細かく決められている。
実務上、ほとんどの会社がこの法定の“使用可能期間”を使って減価償却計算をしている。
・償却率・・・・その資産の耐用年数ごとに決められた“率”のこと。

○減価償却の主な償却方法にはふたつある。
（1）定率法
（2）定額法

○固定資産の除却には「有姿除却」がある。

○減価償却費の計上は、償却限度額に達するまでの金額だったらいくらでも良い。

○固定資産の取得価額は本体価格に「その資産を事業用として使うために直接必要な費用」の額をたさなければいけない。

○金額の少額な減価償却資産には３つの規定がある
①10万円未満の資産・・・「買った時に即、費用に落としていいよ」制度
②20万円未満の資産・・・「3年間で３分の１ずつ費用に落としてね」制度
③30万円未満の資産・・・「買った時に即、費用に落としていいよ」制度

○中古資産の見積耐用年数の計算方法
法定耐用年数－経過年数＋経過年数×20%

○修繕費の判定には「形式基準」がある。

5章

飲ませて、食わせて、得るものと失うものと

交際費は日陰者？　交際費が費用にならないホントの理由

交際費って、イメージとしては、取引先にお酒を飲ませたり、盆暮れの贈り物をするための費用ですけど、法律上はどう定義されているかっていうと、「法人がその得意先等に対する接待、供応、慰安、贈答、その他これらに類する行為のために支出するもの」ということになってます。何ともまぁ、おカタイ表現ですが、法律だからしようがない。

さて、この定義、「接待」はわかりますよね。代表的なのは飲ませ食わせです。ゴルフ接待なんていうのもそう。招待旅行なんかもこの範疇ですね。次の「供応」ってのは、ちょっと聞きなれない言葉ですけど、辞書には「酒食を供して他人をもてなすこと」とありますから、まぁ「接待」の一部と考えてください。

次は「慰安」。慰安旅行、慰安会なんていうのがありますね。最後の「贈答」は読んで字の如し、お歳暮やお中元がその代表です。で、これに「その他これらに類する行為」っていうのがくっついてます。まぁ、そういった類のあれやこれやってことです。

実際には「これ、交際費になるの？　ならないの？」っていうものもたくさん出てはくるんですけどね。それは後でお話しするとして、先ずは、こういったイメージでとらえていただければOKです。

で、今って「モノが売れない」時代ですから、「交際費」抜きで、最初から「これ、うちの商品です！　お願いします。買ってください」と言ったって、そりゃ、どんなにイイ商品でも、なかなか買ってもらうことはできません。

相手にタダでサンプルを使ってもらったり、オマケをつけたりする以外にも、時には夜の街に誘って、高いお酒を飲んでもらったり、「ほんの気持ちだけですが……」って〝気持ちだけじゃない〟高価な贈り物したり。先ずは、ビジネスより先にしっかりと人間関係を築いてからでないと、なかなか自社の商品やサービスは使ってもらえません。だけど、そんな費用が費用として認めてもらえないのが会社経営のツライところです。

もちろん、「交際費」は、会計上はれっきとした費用です。費用ですから交際費が年間1000万円だったら、交際費引く前の利益が1000万円の場合、会計上の利益は900万円ということになります。でもこれが法人税の申告書の上では費用として認められない。

「ン？……申告書の上では認められない？」

そう、「申告書の上では費用として認められない」っていうのは、申告書にはいったん「交際費」の100万円を差し引いた会計上の利益900万円を書くんです。だけど、次に、「費用に認められないもの　100万円」って書いて、その900万円に「加算」するってことです。で、税務上の利益（これを「所得金額」っていいます）を1000万円にして、その金額をもとに税金を計算すると。まぁ、こうなってるわけです。つまり、交際費って法人税の世界では費用として認められない〝半人前〟な存在です。

でも、なぜ、そんなに大事な「交際費」が、法人税の世界では認められていないんでしょうか？　理由は2つです。

ひとつは、先ず、「冗費の節約」です。「冗費」って〝ジョウヒ〟って読みます。何で税金の世界ってこんな聞きなれない言葉使うのかわかりませんけど、普通に「無駄な費用」って言った方が、理解が早いと思うんですけどね。そう、「冗費」って「無駄な費用」って意味です。

色々な文献を読んでもイマイチ、交際費を「無駄な費用」とする理由がわかりません。いわゆる社用族（今や知ってる人が珍しいほどの死語！）がその昔ジャンジャン湯水のごとく交際費を使いまくって社会的批判を浴びたからなんてことが書いてありますが、「そりゃ、昔のことでしょ」って話で、少なくとも中小企業は関係ないんですから。

ひょっとして、「無駄な費用」だなんて書いたら、ストレート過ぎて経営者の怒りを買いそうだから、わざと「冗費」なんて聞きなれない言葉を使ったのかなぁ……まさかねぇ。

もうひとつは、交際費って本来、接待される側がいろんな「利益」を受けるわけです。そうですよね、タダでお酒飲めたり、ゴルフできたりするわけですから。だから課税のリクッとしては、その「利益」を受けた側から税金とりたいわけです。でも、そんなこと税務署としてはつかまえようがないですよね。まさか、接待した会社に「どこの誰をゴルフに連れて行きました」なんて報告させるわけにもいかないし。で、「じゃあ、接待した側で課税するけどいいよネ」ってなったんですな、これが。ン——、これだと、わかりやすい！

要は、「交際費ってなんだか色々問題のある費用ですよね」って言われたら、正面切って「イヤ、断固違う！」とはちょっと言いにくいところもあって、それで、まぁ、とりやすいところからとっちゃえと、文句あっか！　って、こうなったわけですね、残念ながら……ヤレヤレ。

交際費課税の仕組みは会社規模でこんなに違う！

交際費を会社の費用として認めないって規定は、「法人税法」じゃなくて、「租税特別措置法（普通、略して「措置（そち）法」って言います）」っていう、前にも紹介した特別の法律で規定されています。まぁ本来、費用である「交際費」を、さすがに〝主役〟の法人税法で「費用じゃない！」とは言い切れなくて、いろんな社会的な要請でもって作られる「措置（そち）法」の方にお任せしちゃったんですね。「そちに任せた」なんて言って。

で、さっきから交際費は費用にならないって言ってますけど、具体的にどのくらい費用にな

らないのかっていうと、

一銭たりとも認められない！

です、……大会社は。大会社って、この場合、資本金が1億円をこえる会社です。「1億円をこえる」って、100、000、001円（1億1円）からです。1億円までは「1億円以下」で大会社ではありません、中小企業です。お間違えのない様に。

それはともかく、きびしいでしょう、1円たりとも認められてないんですから。仮に大企業が交際費を年間に1億円使ったら、これが全部費用として認められないわけですから、利益が1億円増えて、税率40％として4000万円よけいに税金払うことになるわけです。

つまり、得意先を接待するのに1億円使ったつもりが、実際には1億4000万円お金が出ていってるわけですよ。メッチャ高い酒飲んでるってことになりますよね、これ。瓶ビール1本が500円だとしたら700円払ってる勘定です……話セコ過ぎですけど。

それでは、かんじんの中小企業（資本金1億円以下の会社ですね）の場合はどうかっていうと、交際費のうち年間600万円まではその10％が、600万円をこえる部分についてはその全額が費用として認められないってことになってます。

つまり、交際費が年間100万円だと10万円が費用にならない。200万円だと20万円です。700万円だと600万円の10％の60万円と600万円をこえる100万円との合計額160万円が費用として認められないってことです。これだって十分きびしいですよね。

まぁ、大企業みたいに「一銭たりとも認められない！」なんてことになってないのが、せめてもの慰めですけど、それでもねぇ。仲間内だけで飲みに行って、それを事業経費にするってのは確かに問題でしょうけど、仕事してれば盆暮れの中元や歳暮だってやらないわけにはいかないし、お客さんとこにあいさつ行くのに手土産のひとつもなきゃカッコがつかない、取引先で不幸があれば香典のひとつも包んで出かけていかなきゃならないと。少なくとも、こういったものぐらいは課税の対象からは外してほしいと思うんですけどね。

交際費のまわりでうごめくもの。「隣接科目」はまぎらわしい

税務上の「交際費」っていうのは、要は、その中身での判断ですから、会社が他の科目で処理していても、税務調査で見つかれば「これ、販売促進費で処理されてますけど、税務上は交際費ですねぇ」なんて言われることがよくあります。

会社経営では、色々な場面で人にお金を渡したり、モノをあげたり、どこかに連れて行ってあげたりということがあって、もちろん、その全部が「交際費」になるわけじゃありませんけ

ど、その区分けは結構、悩ましいものがあります。税務ではこの「交際費」の周辺にあって、棲み分けがむずかしいもの、時々、境界をポンと飛び越えてきそうなものを「隣接科目」などと言います。たとえば、

福利厚生費

諸会費

役員報酬

会議費

こんな科目の中にソーッと〃危なっかしいもの達〃が潜んでいます。ということで、そんな「交際費」のまわりでうごめく、まぎらわしいあれやこれやのお話です。

たとえば、従業員や役員のために開いた忘年会、新年会の費用。これは「福利厚生費」です。ただし、原則、全員参加、常識的な金額の範囲内というのが条件です。そうじゃないと、参加者に対する給与とか賞与とかって話になります。

全員参加は、会社の従業員はひとり残らずということではありません。「おおむね」全員参加です。中には仕事の都合でどうしたって出れない人だっているでしょうし、会社が大きくなれば、部ごと、課ごとなんてことも珍しくありません。

じゃあ、特定の従業員をネライ撃ちで、飲ませ食わせした場合は？　たとえば、会社やめて

ライバル会社に移るっていう社員を引きとめようって場合です。他の社員は知らないような高級料亭で、「頼む。今、君に出ていかれたらうちはつぶれるかもしれないんだ。条件を言ってくれ！　条件を！」ってなったら、そりゃ「交際費」でしょうね。やってんのは会社の都合、会社の利益のためですから。

さて、会社も大きくなってくると、色々なおつきあいの必要が出てきます。で、そういったものに一番出ていかなきゃいけないのが、やはり会社を代表する社長です。おつきあいの中には、一般的なお酒のつきあいやゴルフなどの他に、〝社会貢献〟や何らかの〝お世話〟〝取りまとめ〟といったベールをかぶったものも出てきます。頼まれてやってるのか、好きでやってるのか、はたまた、単なる〝ミエ〟かは別にして、まぁ、色々あります。

たとえば、ライオンズクラブやロータリークラブ。もともとは社会奉仕を目的とする団体ですけど、まぁ、ホンネは〝仕事上のつながり〟〝人脈作り〟にあるようで、入会金なんかも、ほとんどクラブでの飲み食いに使われているようです。ということで税務上はこういったものに対する入会金、会費は「交際費」というあつかいになっています。

まぁ、時々、献血車の横で、肩からタスキかけて「献血、お願いしま〜す！」なんてやってるの見かけると、「全部、交際費ってのもなぁ……」とは思いますけどね。

他にも業界団体の役職とか、あと会社の業務に本当に関係しているのかどうかわかんないような団体のお世話やってますみたいなやつもありますね。業界団体の役職なら、それで出ていく飲み食いの費用は交際費ですけどね、「一体何の団体？」みたいなやつは、交際費なんだか社長の個人的費用の肩代わりなんだか迷うところではあります。まぁ、つきあい上、どうしても断るに断りきれずみたいなところであれば、ン――、やっぱり交際費ということになるんでしょうけどね。

それと、つきあいが特に多い社長であれば、いちいちその度に費用の仮払いっていうのもメンドウだからということで「渡切交際費」なんていうものを受け取ることがあります。「ハイ、今月分20万円ね！」みたいに渡すだけで精算もしないっていうやつです。ちゃんと精算すれば、それぞれの使い道によって処理をすればいいだけの話なんですけどね、後始末をまったくやってなかったら、残念ながら、社長に対する「給与」です。「給与」ですから、まぁ、よほど高い給料もらってない限り、一応費用になりますけど、「源泉所得税が徴収もれです」ってことになって、ペナルティ含めて、結構、まとまった金額取られます。

最後に、「会議費」です。会議といえば、まぁ、普通はペットボトルのお茶ぐらい出ますね。よくてお昼のお弁当ぐらい。もちろん、この程度であれば、「会議費」でゼンゼンＯＫです。

じゃあ、会社にそんな場所がなくて、近くのレストランでちょっと打合せしましたっていうのは？　食事して、ついでにビール1本飲みましたっていう程度ならこれも「会議費」でOKです。

でもね、得意先も招いてちょっと大がかりな会議になると、じゃあ、場所を移そうってことになって、温泉地のホテルの一室借りて、社長自ら、会社の状況の説明もやりましょうと。でも最初の10分だけ、カタチだけの説明やって、それが終わったら、やおら懇親会がスタートなんて、もうこうなったら、最初から懇親会目的の偽装会議であることがバレバレですから、「交際費」です。

ポイントは会議としての実体をそなえているかどうか。いくら会社に「場所」がないからって居酒屋やカラオケスナックっていうのはアウトです。それなりの場所とそれなりの資料、あと時間と費用での判断ですね。特に社外の人間を招いての打ち合わせの場合は気をつけてください。どうしてもっていう時は会議は会議、飲み会は飲み会で分けてやらないと〝一蓮托生〟でやられてしまいますからね。

寄付金と交際費を分けるもの。見返りを期待するかしないか

交際費には飲ませ食わせの他に「贈答」も含まれるって話、前にもしました。で、その典型

が盆暮れの贈り物です。じゃあ、おつきあいのあるところに何かあげたら全部、交際費になるかっていうと、そうじゃない。

たとえば、神社の夏祭りに1万円払ったというような場合は「寄付金」です。同じ「おつきあい」でも、交際費の方は得意先、仕入先といった事業関係者が対象ですけど、「寄付金」は事業に直接関係のないところが対象です。しかも原則、「現金」をあげた場合です。

もうひとつ違うのは「交際費」は当然、〝見返り〟を期待してのことです。高いお酒飲ませるのも、何とか仕事に結び付けたいと思っているから。「ただ相手の社長の喜ぶ顔が見たいからやってます」なんて、そんな奇特な経営者は先ずいません。

じゃあ、寄付金は？　こっちはそんな〝見返り〟をゼ～ンゼン期待してない費用です。「えっ、神社に寄進するたんびに、私、会社の売上が伸びますようにって、お祈りしてますけど」って。いや、そういう意味じゃなくて……。

ちなみに、この〝見返り〟、税務の世界では「反対給付」なんてむずかしい言い方します。

で、「交際費」か「寄付金」かっていう判断は結局、(1)相手が会社の事業に直接、関係してるかどうか、そして(2)相手に〝見返り〟を期待してやったかどうか、でキマリです。

たとえば、政治家のパーティー券購入費用。地元選出の先生にお願いして、何とか高速道路をおらが町に持ってきてもらおうなんてことで払ったんなら、もう⑴も⑵も議論の余地ナシ、120％交際費でキマリですね。

逆に⑴や⑵は関係ありませんと。純粋に「いやぁ、日本のため、先生の様な方に頑張っていただきたい」っていうことでのパーティー券購入なら寄付金です。

ただ、実際には、事業に関係あるようなないような、見返りがあるようなないような、ビミョーなのが多くって困るんですけどね。

で、そもそも「寄付金」を払った時の税務の取扱いはどうなっているかっていうと、先ず、寄付金を支払先によって次の3つに分類します。

⑴国とか地方に対するもの。それに指定寄付金っていいますけど、たとえば赤い羽根共同募金や日本赤十字に対するようなもの。

⑵学校法人とか社会福祉法人（「特定公益増進法人」っていいます。ちょっと名前がぎょうぎょうしいですけど）に対するもの。

⑶その他の寄付金。近くの神社や町内会などへの寄付金がこれに当たります。政治家のパーティー券購入費用なんかもこっちです。

で、それぞれに費用に認められる金額は、

(1)払った分だけすべて費用処理が認められます。

(2)その他の寄付金の約3倍程度まで費用処理が認められます。資本金3000万円、所得金額1000万円だったら、40万円程度までOK。結構、大きな金額です。

(3)費用処理できる金額はガクンと落ちます。算式は、

(資本金×0・25%+所得金額×2・5%)×1/2

です。たとえば、先ほどと同じ資本金300万円、所得金額1000万円だと、費用処理できる金額は13万円程度。赤字だったら所得金額の2・5%が消えてしまうので、ほんの数千円程度までです。まぁ、近所の神社かなんかだったら、それでもさほど問題にならない程度の金額ですね。

じゃあ、こういう場合はどうでしょう? ここに会社名義の土地があったとします。買った時の値段は3000万円。でも、今は値上がりをして時価は5000万円だったとします。

で、会社がこの土地を社長の息子に、買った時と同じ3000万円で売ったとします。会計的には、会社は3000万円で買った土地を3000万円で売ったわけですから、売却益はゼ

ロです。

でも、税務はダメなんですね、これでは。税務は「いや、それは相手が社長の息子さんだからそんな安い値段で売ったんでしょう。普通だったら5000万円で売りますよね。だから、その土地は5000万円で売ったことにして計算やり直してください」ってなるんです。で、計算やり直すと会社は3000万円の土地をいったん5000万円で売って売却益2000万円を計上しましたと。で、その後にその2000万円を相手に返した、つまり寄付したと見るんです。差額、「寄付金」になっちゃうんですね。

結局、2000万円の売却益は収入ですから税金の対象になるんだけど、寄付金の方はさっきの(3)の寄付金のとこで話したように、ごく一部しか費用にならない。だから、土地や家は下手に売ると、後々、イタイ目にあいます。ご注意を。

家や土地なんかでなくても、会社が取引先に無利息でお金を貸し付けた時もそうです。本当だったら会社が受け取るべき利息を相手に与えた、つまり「寄付」したということになってしまいます。2000万円貸して、利息が2%だったら年間40万円。ね、決して小さな金額じゃないでしょ。

交際費の相手は得意先や仕入先だけじゃなかった!?

さて、交際費って「飲ませ食わせ」や「贈答」をした場合の費用ですけど、じゃあ、その「飲ませ食わせ」や「贈答」は相手が誰だった場合に交際費になると思いますか?

「誰って、得意先とか仕入先じゃないの?」

その通り。法律にも交際費とは「法人が、その得意先、仕入先に対する接待等のために支出するものをいう」って書いてあります。だから得意先とか仕入先で正解です。

でも、実はその「得意先、仕入先」の次にもうひとつ「その他●●●等」っていうのが入って来るんです。で、問題なのはその●●●の部分には何が入るかってことです。3つの中から選んでみてください。

1、事業に関係のある者
2、事業に関係のない者
3、社長の愛人

正解は1、事業に関係のある者です。実はここがミソです。「事業に関係のある者」には直接的な事業関係者はもちろん、間接的な関係者も含みます。自社の取引業者のそのまた取引業者みたいなのがそう。

それからその会社の役員や従業員、株主もそうです。たとえば、地方の支店に出張してきた本社の役員さんを「お疲れ様でございます」といって地元の名物料理屋に招待すれば、やはり、それは交際費ということになります。自分の会社の「身内」に飲ませ食わせしても交際費になるって、意外と知られていない事実です。

2はさっき説明しましたね。事業に関係のない者に対する支払は、基本的に「寄付金」です。事業に関係があるかどうか、ここが交際費かどうかを見きわめる際のポイントです。

3の社長の愛人に対するものは、社長に対する給与になります。まぁ、そんなものは社長のポケットマネーから払ってねってことです。毎月定額であれば役員報酬、たまにであれば役員賞与です。税務上、大いに問題ありです。……まぁ、税務以前の問題でもありますけど。

さて、相手が誰だった場合に交際費になるかっていう話の次は、誰だったら交際費にならないかという話です。

八方美人で税金をまぬがれる方法

お金やモノをあげても、または旅行に招待しても、「交際費」にならないものがあります。「広告宣伝費」です。抽選で賞金をあげたり、賞品をあげたり、旅行にご招待っていうのがそうです。ただし、ひとつだけ条件があります。それは相手が「一般消費者」であること。特定のあの人、この人ではダメだということです。あくまで不特定多数であることがポイントです。

じゃあ、薬品メーカーがお医者さんや病院を相手に抽選でハワイ旅行に招待したり、化粧品メーカーが美容室相手にキャンペーンで賞品配ったらどうでしょう。「一般消費者」かどうか、何かビミョーな感じがしますけどね。税務では、こういう場合、お医者さんも美容室も「一般消費者」ではないという判断になってます、残念ながら。

そうすると、「一般消費者」じゃない、特定の「業者」だけを相手にしている商売はどうすればいいかっていう問題があります。そういう場合に使えるのが、いわゆるリベートです。キャッシュバックとか売上割戻しとも言いますけど、これを使えば交際費とせずに、一般の経費として処理することができます。

ただし、「あの人にはやったけど、この人はもういいや」なんて〝思いつき〟はダメですからね。「毎月のお取引高に応じて、2％から5％の割合で現金をお返しします」みたいな売上高とか売掛金の回収といった一定の基準に従ってやることが必要です。それと、あくまで現金で支給すること。かわりに「旅行にご招待」なんていう場合は交際費になってしまいます。なぜか？　現金だともらった方で収入に上げるからです。「支払った側はどうぞ費用にしちゃってください。受け取った会社の方で税金取りますから」というのが税務署のリクツです。抜け目ないでしょ。

現金以外だと、例外的に、自分とこの売り物である商品とか1個3000円程度の品物の場合であれば、まぁ、OKということになってます。

もうひとつは、新しいお客さんを紹介してくれた方へのお礼です。「お友達を紹介していただいた方には、もれなく1万円の商品券をプレゼント！」みたいなやつです。この場合は、お金でもモノでもいいってことになってます。ただし、「紹介してくれた人がたまたま飛び切りの美人だったんで、つい、あげちゃいました」なんていうのはダメですからね。こちらも〝誰へだてなく〟と、〝事前のお知らせ〟〝一定の基準〟が原則です。

少額交際費は1回5千円以下。でも回転寿司ってわけにもねぇ

さて、交際費の最後は、いわゆる「少額交際費」のお話しです。得意先などに対する「飲ませ食わせ」の費用は、本来、交際費ですけど、例外的に1人当たり5000円以下の「飲食費」であれば、これを「交際費」からはずすことができます。平成18年度の税制改正で新しく作られた規定です。

でも、1人当たり5000円以下って、なんだかビミョーな金額ですよね。普通の寿司屋じゃほぼ半分程度足りないし、といって大切なお客様を回転寿司に連れて行くわけにもいきません。居酒屋じゃ、ちょっとお金あまりそうだし、何とか「交際費」にせずに、お客様にも大満足して帰ってもらえるところないかなぁ……みたいなね。

で、この規定、もともと、「交際費」の最右翼みたいな「飲食費」について、「金額の小さいやつだけは大目に見てやろう」って規定ですから、当然、身内だけの「飲み食い」は対象外です。得意先でも、仕入先でも、ともかく、会社以外の人に対する接待であること。もちろん外部の人間はひとりでもOKですけど、主役はあくまで接待される側であること。主役は会社の人間で、ただ〝アリバイ作り〟のために得意先の営業マンひとりだけ呼びましたっていうのはダメですからね。

ちなみに、この場合の部外者には子会社の人間も含まれます。お間違えのない様に。

1人1回5000円っていうのは、お店に払った飲み食いの費用を参加者全員で割った数字です。これが5000円以下だと「交際費」にしなくていいよということです。2次会に行こうと3次会に行こうと、1人1回の判断です。それから「飲食」が対象って言ってますけど、正確には「飲食その他これに類する行為」ってなってるんで、お弁当や出前、ケータリング、カラオケスナックなんていうのもOKです。会社でちょっと豪華なお弁当とりましたっていう場合もいいってことですね。

ただし、ゴルフ接待をした時のレストランでの食事のようなものは、あくまで、ゴルフ接待の一部というとらえ方ですから、食事代だけひっぱり出してきて、「ハイ、ひとり5000円以下です」というのは認められません。

「少額交際費」は確かに、使い方次第ではムダな税金を支払わずに済みます。とはいえ、「交際費」の本来の目的は売上をとること。わずかな費用を惜しんだがために、大事な売上を失ってしまっては元も子もありません。

社長、大事な取引なんでしょう。そういう時はバーンといっちゃいましょう! ネ、私もお供しますから……エッ、お前はいらないって? アッ、どうも失礼しました!

●第5章のポイント

○交際費が費用にならない理由
・冗費の節約のため
・本来、接待される側で課税されるべきであるが、現実にその捕捉が不可能なため、接待する側で課税することにしたため。

○交際費が費用として認められない金額
・大企業　　全額
・中小企業（資本金1億円以下の会社）
交際費のうち年間600万円まではについてはその10%
600万円をこえる部分はその全額

○交際費の隣接科目
福利厚生費
諸会費
役員報酬
会議費
等

○寄付金は次の3つに分類される
（1）国とか地方に対するもの、指定寄付金（赤い羽根共同募金、日本赤十字等）
（2）特定公益増進法人（学校法人とか社会福祉法人等）に対するもの
（3）その他の寄付金（神社や町内会、政治家のパーティー券購入費用等）

○上記（1）～（3）ごとの費用処理可能額
（1）払った分だけすべて費用処理が認められる。
（2）その他の寄付金の約3倍程度まで費用処理が認められる。
資本金3百万円、所得金額1千万円で40万円程度。
(3)(資本金×0.25%＋所得金額×2.5%）×1/2

○1回5千円以下少額交際費は交際費から外すことができる。
身内だけの「飲み食い」は対象外。会社外部の人に対する接待であること。

6章

〝更生〟できない不良少年はサッサと切り捨てる？

夜逃げした取引先と夜逃げしそうな取引先のためにやること

せっかく、苦労して商品やサービスを売っても、代金を回収しなければ、ただの骨折り損のくたびれ儲けです。小口の取引先ならまだしも、これが自社の主要取引先なんて場合は、まさに死活問題。連鎖倒産、共倒れなんてなったら悔やんでも悔やみきれません。

で、なるべく、そんな天下の一大事とならぬよう早めの対応を取っておきたいと思うものの、まぁ、商売をやっている以上、そういう事態を100％防ぎ切れるものでもありません。

というわけで、今回は売掛金を回収できなくなった場合の対処法についてお話しします。

ところで、「売掛金を回収できなくなった」とか「貸倒れになった」という話で、よく出てくるのが「倒産」というコトバです。「あそこの会社、倒産しちゃったんだって?」とか「何だか、倒産しそうな雲行きだ」なんていう場合の、あの「倒産」です。

他にも「つぶれた」とか「なくなった」なんて言い方ありますけど、じゃあ、そもそも「倒産」って具体的にはどういうことを言うんでしょうか?

法的には、いわゆる「倒産」っていうのは、

(1)2回目の手形の不渡りを出して、銀行取引停止処分を受けること。

(2)裁判所に会社更生法や民事再生法、破産手続といった法的な整理手続の申立てをすること。
(3)任意整理を開始すること。任意整理って債務者と債権者が「任意」に話し合って財産を処理することをいいます。

まぁ、それ以外にも、集金日に行ったら事務所はもぬけのカラ。隣近所に聞いても「さぁ、そういえば最近、見かけませんでしたねぇ」なんていうのもあったりして。いわゆる、夜逃げ、現在「所在不明」というやつですね。

いずれにしろ、資金的に行き詰った、お金払えなくなっちゃったって状態ですね。で、先ず、最初は(1)の銀行取引停止処分です。正式には、1回目の不渡りを出してから6か月以内に2回目の不渡りを出した時に初めて、銀行取引停止処分となります。

ただ、実際には、1回目の不渡りを出した時点で、今までの取引先も商品を納めなくなったりして、まぁ、普通「事実上の倒産」ということになります、たいていは。

そうすると、相手のとこに怒鳴り込んで「早く払えっー！」って叫んだところで、残念ながらほとんどお金は取れないと。で、泣く泣く「貸倒損失で落としちゃえ」ってなるんですね。お気持ち、よ～くわかります。

でもネ、残念ながら、不渡り1回目じゃ「貸倒損失」にできないんです。「エッ!? じゃあ、6か月指くわえて待ってなきゃいけないの?」って。いや、6か月待って2回目の不渡り出したって「貸倒損失」じゃ落とせないんです。

銀行取引停止処分って事実上の「死刑宣告」みたいなものですけど、実際には、そこから、法的な倒産処理手続とか任意整理に移行するわけで、会社が消えてなくなるわけじゃないですから、その後、どっかに雲隠れしようが何しようが、少なくとも、銀行取引停止処分っていうだけじゃ「貸倒れ処理」は認めてもらえません。

じゃあ、な～んにもできないのかっていうと、さすがにそんなことはなくって、これは後でお話をしますが、「貸倒引当金」の繰り入れだけはできます。要は、費用に落とせます。

ただし、落とせる金額は債権額の半分だけ。しかも、貸倒引当金ですから翌期には戻し入れして〝益〟にたてなくちゃいけませんけど。まぁ、もっとも、そういう取引先だったら、たいていの場合、次の期には、年度の終わりを待たずして、法的にカタがつくか、行方不明みたいな話になって、貸倒損失処理についても問題なしってことになってる場合が多いでしょうけどね。

貸倒損失はタイミングが勝負。黒字が出たら落とそうでは遅い

さて、次の(2)は裁判所に会社更生法や民事再生法といった法的な整理手続の申し立てをする場合です。ちなみに、会社更生法や民事再生法などの法律は、いわゆる「倒産法」っていわれ

ます。さて、申し立てをすると、その会社の再建のための計画が立てられて、裁判所の監督下、債権のたとえば80%を切り捨てるというような「決定」がされます。そこで切り捨てることが決まった金額は、もう貸倒損失で落としなさいってことになるわけです。

その次の(3)も同じです。こちらは法律によるものじゃありませんけど、債権者集会なんかで、関係者が話し合って、「じゃあ、この際、もう90%はあきらめよう」みたいな「決定」がされた時の、その決定額はやっぱり、落としなさいってことになってます。

その他には、いわゆる「債務免除」なんかもそうです。債務免除って、相手にこれ以上請求したってもう戻ってこないって判断したときに、こちらから「貴社の債務を免除することを決定いたしました」とかって通知しちゃうことです。この場合も、貸倒損失で落としなさいってことになってます。

ただし、債務免除するには前提条件がついていて、それは、ちょっと長いですけど、「債務者の債務超過の状態が相当期間継続して、その債権の弁済を受けることができないと認められる場合」というものです。しかもそのことを「書面」でもって、相手に通知しないといけません。

で、この「債務超過」っていうのは会社の債務が資産の総額を超過している状態、つまり、会社の財産を全部売り払っても、借入金とか買掛金が払い切れないっていう状態です。

ただ、債務超過かどうかは相手の会社の「貸借対照表」を見てたってわかりません。そこに載っかってる「資産」を〝時価評価〟しなくちゃいけない。そのうえで、その債務超過の状態が、「相当期間」続いてなくちゃいけないわけです。

「相当期間」って、ちょっとビミョーな言い方です。一般的には「3年間」は必要なんて言い方されているようですが、じゃあ、「2年間」じゃ絶対ダメなのかというとそんなことはなくて、まぁ、実質判断です。「これじゃホントに回収できねぇなぁ」って〝合理的に〟判断するのに要する期間ってことですね。

いずれにしろ、そこら辺の確認をやらないで債務免除しちゃうと、相手はまだ債務を返せる余裕があったのに、免除してあげたっていうことになって、税務調査で見つかれば「じゃあ、その債務免除は債務者に対して利益を与えたことになりますね」なんて判断になってしまいます。

そうすると、それは税務上、「損失」ではなくって、「寄付金」ということになりますから、ほとんど費用には認めてもらえません。そのうえ、債務免除の通知を出した以上、債権自体は法的にはもう取り戻せないということで、まさに、踏んだり蹴ったりの状態になります。くれぐれもご注意を。

で、ここまでのことをまとめると、法的に債権がなくなるっていう意味の「貸倒損失」になるのは次の3つのケースです。先ず、これを第1グループって呼ぶことにします。

①会社更生法や民事再生法などの法律に基づく「決定」で切り捨てられることになった金額

②法律の規定ではなく、債権者集会の協議決定などで切り捨てられることになった金額

③債務者の債務超過の状態が相当期間継続して、その債権を弁済してもらえないという場合に、債務者に対して書面で明らかにされた債務免除額

さて、このいわゆる「倒産法」や債権者集会で決まった債権の切り捨て額、それに債務免除の通知を出した場合の免除額って、さっきも言いましたけど「貸倒損失で落としなさい」ってことになってます。「落とすことができる」じゃありません、「落としなさい」です。条文では「貸倒れとして損金の額に算入する」って書き方ですけどね。

で、「損金の額に算入する」っていうのは税務上、「費用」とか「損失」に入れるってことです。だから、会社がたとえ、決算書のうえで「貸倒損失」って処理してなくても、申告書のうえで「利益」から引きなさいと、「引かなきゃダメだよ」と、こういうことです。

そりゃ、会社に利益が出てれば落としますよね、頼まれなくたって。でも、会社が赤字だったら、どうします？ 別に、あわてて「損失」に落とさなくたっていいじゃないかと。じっと今は持ってて、黒字が出たら、そん時、落とそうかと。ネェ、そう思いますよね。でも、さっ

きの条文のところにこう書いてあるんです。

「その事実の発生した日の属する事業年度において貸倒れとして損金の額に算入する」

わかります？　「事実の発生した日」って、債権の切り捨てや債務免除の通知をした日ってことです。だから、その日を含む事業年度で処理してしまえってことです。じっと持ってて、黒字になった、それ落とせぇーっていう「利益調整」はダメだからねって言ってるわけです。

もちろん、申告書のうえで引けるっていうのも、税務署がわざわざそんなことやってくれるわけじゃありませんからね。会社が自分でやんなきゃダメです。

会社更生法とか民事再生法なんていったって、切り捨てが決まった債権はもう未来永劫、「更生」も「再生」もできないんですからね。だから、そんな「更生」できない不良少年ならぬ不良債権はさっさと切り捨てちゃってください。大事に持ってたっていいことありませんよ！

回収できるかどうかは何見て決める？　脳死判定は難しい

さて、貸倒損失の第2グループは、いわゆる「事実上の貸倒れ」といわれるものです。最初の貸倒れは法的に債権が消滅してしまう場合でしたから、ある意味わかりやすい。客観的な事実がありますから。会社更生法だとか債権者集会で債権の何％切り捨てるなんてことがはっきりしてますからね。

でも、そういった法的な手段もとらず、債権者集会も開かれずなんて場合はやっかいです。なんせ客観的な証拠が集めにくいですから。じゃあ、「債務免除の通知、出しちゃえば？」って思われるかもしれませんけど、債務免除するためには、その前提として、「債務者の債務超過の状態が相当期間継続して、その債権の弁済を受けることができない」っていうことを証明しなきゃいけないわけで、これがなかなか大変なんですね。

で、この事実上の貸倒れって、税法では、

⑴債務者の資産状況、支払能力等からみてその全額が回収できないことが明らかになった場合で

⑵その金銭債権について担保物があるときは、その担保物を処分した後であれば

⑶その明らかになった事業年度で貸倒れとして損金経理をすることができる。

っていうことになってます。

何だか、ややこしそうですけど、先ず、⑴の「債務者の資産状況、支払能力等からみてその全額が回収できないことが明らかになった場合」って、たとえば、破産とか行方不明、死亡、あと、たまに天災に遭ったとか、事故に遭ったとかいう場合をいいます。

で、先ず、最初の破産ですけど、破産っていうのは要するに財産がなくなって、借金なんか

返せませ〜んっていう状態です。法的には、「破産法」っていうのがあって、普通、裁判所に対する「破産の申立て」から始まって、最後は「配当」やって、「破産手続終結の決定」で終わるんですけど、「債権の切り捨て」ってことがないんです。

だから、いわゆる「破産法」っていうくくりでは会社更生法や民事再生法の仲間なんだけども、税務上の貸倒損失の判定では、その会社更生法や民事再生法が入っている第1グループには入れてもらえてないんです。だから、「破産」の場合は、「事実上の貸倒れ」という第2グループでの判定になります。

で、次が最も一般的な、行方不明とか死亡っていう場合です。入金日になっても振り込みがないから、「アレッ?」なんて言いながら、電話入れると、「この電話はお客様の都合により、現在使われておりません」なんてことになって、営業担当者、マッツァオ！　なんてことになる場合ですね。

でも、債務者が行方不明になったからって即、貸倒れにしていいわけじゃありません。とりあえず相手の会社に行ってみて、状況確認するとか、代表者の自宅がわかれば、そっちにも行ってみるとかって努力はいります、当然ながら。

要は、本人の所在がわからないことと債務者から回収できる財産なんてもうゼ〜ンゼンありませんっていう2点が証明できなきゃいけないわけで、本人の所在の方は現場確認して、隣近所もいろいろ聞いて回って、最後は本人の住民票のチェックなんかもやっといたほうがいいですね。

で、そういうことをちゃんと資料として残しておくと。何月何日に誰それが相手の会社に行ったとか、電話したとか、で、郵便を出したら所在不明で返ってきますからそれも取っとくと。

それから相手に財産がないことについては、債務者の不動産の登記簿謄本なんかを見て、これといった財産がなけりゃ、もう落としてもいいかなってことになります。

で、メンドウなのが、債務者本人が死んじゃった場合です。生きてる限りは本人が破産でもして「もう、払えませ〜ん！」ってなったら終わりですけど、死んだら、相続人がその債務引き継ぎますから、今度は相続人に請求しなきゃいけない。「オヤジの債務、払えー」って。

で、担保取ってたりしたら、それも処分しないと貸倒損失たてられませんから、そこんとこも注意して下さいね。

それと、第1グループは法的な債権の消滅でしたから、会社の経理にかかわらず損金になりましたけど、こっちの第2グループは「実質的に回収不能」を判断をするのは、あくまで会社ですから、決算でちゃんと損失に計上して「落としましたよー」って意思表示しなくちゃいけない。

それも「回収不能と判断した時」っていう条件つきですから、こっちは第1グループ同様、先延ばしはアウトです。「利益が出てから、落とそうか」なんてゼ～ッタイ認めてもらえませんからね！

1年以上取引がないとどうなる？　縁の切れ目が金の切れ目

貸倒損失の最後、第3グループは、ずっと取引をやってきた相手が、どうも最近、経営がうまくいっていないようで支払いが遅れがちだと。で、何度か督促するんだけど、一向に改まる様子がないんで、いったん取引を停止しようってことになって、そのまま1年以上がたちましたっていうような場合です。

そういう時は、備忘価額残して落としていいよってなってます。まぁ、全部落としちゃうとわけわかんなくなっちゃうんで、備忘価額だけは残しといてくださいねと。備忘価額って普通1円です。

それから、遠方の取引先で、取引額は少ないのに、「お金振り込んで下さい」って何度頼んでも、全然、ラチあかないというような場合もそう。わざわざ旅費使って集金に行ったって、もと取れないですから、そういう時も、備忘価額1円残して落としていいよってなってます。

ただし、この規定は、継続的に取引やってることが前提です。たまたま、売れちゃいましたっていうような相手はアウトです。当然、1回切りの貸付金なんていうのもダメです。

じゃあ、継続的に取引やってきた相手なら、1年以上、音信不通状態があれば何でもいいのかって、そんなわけじゃありません。相手が経営不振におちいって、どんどん支払いが遅れていって、ついにストップみたいな状態じゃないと認めてもらえません。

たとえば、こっちが送った商品の品質に先方が問題ありとクレームをつけてきたと。「いや、そんなことはない。そりゃ、いいがかりだ」みたいな話になって、それで、お互い国交断絶状態になって、1年たった時に、もうどうせ取れやしないっていって落としたりするのはダメですからね。それと、当然この規定も、会社が決算で損失にたてることが前提です。

ところで、「取引を停止した日以後1年以上」っていう場合の「取引を停止した日」って、普通だったら、会社から相手先への商品の発送をやめた日だとか納めた商品を引き上げた日ってことになるんでしょうけど、この場合は契約による最後の支払い期限と、実際に最後に支払いを受けた日と、取引をやめた日と、この3つの中で最も遅い日から起算して1年以上となっています。

たとえば、9月の末に商品を送ったのを機に取引をやめましたと。で、翌月の25日が支払い期限だけど音沙汰なし。ようやく12月の20日になって、申し訳程度に1万円だけ振り込んできたなんて場合は、「取引を停止した日」は最後の12月20日です。お間違えのない様に。

いずれにしろ、〝縁の切れ目〟が〝金の切れ目〟みたいなこの規定、取引先が多くて、一個一個の取引金額が小さいと、案外、払う方も受け取る方も、忘れてほったらかしみたいなものがありますから、一度、じっくり会社の得意先元帳をご覧になってはいかがでしょうか。

売掛金の〝取りもれ〟にそなえる方法

貸倒損失は税務上の要件さえ満たせば費用に落ちるとはいうものの、もともとあってはならないもので、売上代金はもれなく回収してこその「売上」です。とはいっても、まぁ、数ある売掛金の中には残念ながら回収できないものも一定の割合で出てきます。

そこで税務上もそういった、将来一定の割合で発生する売掛金などの〝未回収損〟に備えるために、「貸倒引当金」というものを費用として計上することを認めています。

この引当金って、もともとは会計の考え方で「将来、発生するだろう特定の費用とか損失に備えるもののうち、その発生原因がすでに現在あって、発生の可能性も高いし、金額を合理的に見積ることもできるっていう場合に、一定の金額を今期の費用として計上しましょう」っていうやつです。

何だかよくわからない？　ン――、じゃあ、その貸倒引当金を例にとると、今ある売掛金のうち何件かは、将来、必ず回収できずに損失になるだろうと。で、今までの〝経験値〟からそれが大体、何パーセントぐらいの割合で発生するかもわかっていると。じゃあ、今、持ってる売掛金にその割合をかけて、会社の債権に〝内在するリスク〟を今期の費用に落としたって文句あるまいっていうのが引当金のリクツです。

引当金って昔は結構、色々あったんです。賞与引当金とか退職引当金とかね。でも次々に姿を消して、今は返品調整引当金とこの貸倒引当金ぐらいになってます、残念ながら。

で、具体的には、会社は決算になると会社の持っている債権に対して一定額の貸倒引当金を繰り入れます。この「繰り入れる」っていうのは「貸倒引当金繰入額」という費用に計上するということです（費用の相方は「貸倒引当金」という負債です。これが将来の〝損失負担〟を表します）。で、次の期の決算になると、先ず、前の期に繰り入れた貸倒引当金を「戻し入れ」して、新たにその期の債権に対して貸倒引当金の設定をします。「戻し入れ」というのは「繰り入れ」の反対で、「貸倒引当金戻入益」という収益にあげることです。

つまり、貸倒引当金は毎年、この「繰り入れ」と「戻し入れ」を繰り返すわけです。だから、売掛金の額が前期と今期でそれほど変わらなければ、「収益」と「費用」がほぼ同額となって、プラスマイナスゼロ。本当の意味での節税効果は最初の年だけということになってしまうと。

まぁ、こういうことです。

超アブナイ債権はこうして引き当てる

この貸倒引当金の繰り入れ方法にはふたつあって、ひとつが個別に一個一個の債権の中身を吟味していって、債権額の50％とか一定の金額を貸倒引当金に繰り入れる方法です。

ここでその引当金の対象になる債権って、まだ「貸倒損失」で落とすには至らないものの、限りなく「貸倒損失」に近い債権、つまり超アブナイ債権です。これを「個別評価金銭債権」っていいます。

もうひとつは、超優良債権からとりあえずは問題がない債権まで、ともかく、超アブナイ債権以外全部まとめて一定の率をかけて、貸倒引当金を計算する方法です。これを「一括評価債権」っていいます。

では、先ず、最初にアブナイ方の「個別評価金銭債権」から。さっき、貸倒損失のところで会社更生法や民事再生法の規定によって切り捨てられる金額のことをお話しました。

では、逆に切り捨てられなかった金額はどうなるかというと、これも、たいていすぐに払ってくれるわけじゃなくて、何年間かにわけてちょっとずつしか返してくれない。まぁ、気の遠くなるような話ですけど、じゃあ、その切り捨てられなかった金額のうち、先ず、「5年以内にお支払いします」って金額は、ずっとそのまま待ってなさいと。で、5年を超えて払いますっていう金額だけは、さすがに「個別評価金銭債権」ということで、貸倒引当金に繰り入れていいよってことになってます。

でも、5年間ガマンしろって、そりゃ、少しずつでも払ってくれるんだから、損失にはならんだろうってリクツなんでしょうけどねぇ……。もうちょっと何とかなんないかなぁって思います。

それから、会社更生法なんかの法的手段って、再建計画の「決定」の前に、先ず、「申立て」をしなきゃいけない。で、申立てをするってことは、その時点で、会社の状態はかなり〝アブナイ〟っていうことの証拠ですから、その時は相手の会社が「申立て」をしたっていう事実だけで、債権額の50％を貸倒引当金に繰り入れてもいいよってことになってます。

それから、この50％繰り入れにはさっきお話しした銀行取引停止処分となった会社の債権も含まれますので、お忘れなく。

さらに、もうひとつ、「債権の一部について取立ての見込みがない場合」っていうのがあります。これにはふたつのケースがあって、

(1)債務者の債務超過の状態が相当期間続いて、かつ、その事業に好転の見通しがない場合

(2)災害、経済事情の急変などによって多大な損害が生じた場合

には、その取立ての見込みがない部分は、貸倒引当金に繰り入れてもいいことになってます。とはいっても、特に(1)の方はその判断が結構、大変です。「債務超過」の状態の方は相手の会社の貸借対照表が手に入れば、何とかなりますけど、次の「事業に好転の見通しがない」っていうのが難題です。代表者がかなりの高齢で、跡取りもいないとか、構造不況業種で、従業員もどんどん辞めていって、これから盛り返すなんて、ほとんど奇跡に近いみたいな状態ならOKでしょうけどね。債務超過だけど、何とかがんばってますみたいな状態だったら、これはちょっとね。「個別評価で引当金に繰り入れたいんで、しばらく、がんばってくれないでもらえます？」って、まさか言うわけにも行きませんしねぇ。

貸倒引当金は全部まとめてかかってこい！

貸倒引当金の繰り入れ方法のもうひとつは「一括評価債権」を対象に、これをひとまとめにして一定の率をかけて〝エイヤッ！〟でやってしまう方法です。この「一括評価債権」って、さっきも書きましたけど、超アブナイ債権以外の全部、「個別評価金銭債権」を除くすべての債権が対象です。回収の可能性が低いとか高いとか一切関係なし。先ずつぶれることのない一部上場企業から、お役所に対する債権まで、全部ぶっこみで一定の率をかけて計算します。で、この一定の率にはふたつあります。「法定率」と「実績率」です。

「法定率」は、事業区分ごとに法律でもって、あらかじめ決められた繰入率のことをいいます。卸・小売業が1％、製造業が0・8％など全部で5種類。卸・小売業で1000万円〝掛け〟があったら、貸倒引当金に繰り入れられるのは10万円です。これを高いと見るか低いと見るかは業界やその会社のおかれている状況により様々だとは思いますが、まぁ、その業界の貸倒率があまり高いっていうのも、実際、困りものですけどね。ちなみに、この法定率が使えるのは中小企業（資本金1億円以下の会社）のみです。お間違えない様に。

一方、「いやぁ、うちの業界は、もっと貸倒率高いよ。実際、ここ数年でつぶれた取引先、結構あるんだから」なんていう場合は、「法定率」のかわりに「実績率」が使えます。

これは過去3年間のその会社の実際の貸倒れの〝実績〟を使って繰り入れをする方法です。実績率は3年間で実際に貸倒れになった債権額を同じ期間の債権総額で割って計算しますから、一度、ドーンと大きなところが貸倒れになった場合なんか、率は当然はね上がります。「法定率」も「実績率」も年度ごとに好きな方を使えますから、そういう時だけ「法定率」にかえて「実績率」を使うことだってアリです。

といって「おぉ、今年はこんなにたくさん貸倒引当金繰り入れできたかぁ」なんて喜んでばかりもいられません。その次の年はそれがそっくり戻し入れされて「利益」に立つんですから。

やっぱり、売掛金は全部、払ってもらわなくちゃねぇ。

●第６章のポイント

○「倒産」とは

(1) ２回目の手形の不渡りを出して、銀行取引停止処分を受けること。

(2)裁判所に会社更生法や民事再生法、破産手続といった法的な整理手続の申立てをすること。

(3)任意整理を開始すること。

○第１グループの貸倒損失（法的に債権がなくなる場合）

(1)会社更生法や民事再生法などの法律に基づく「決定」で切り捨てられることとなった金額

(2)法律の規定ではなく、債権者集会の協議決定などで切り捨てられることになった金額

(3)債務者の債務超過の状態が相当期間継続して、その債権を弁済してもらえないという場合に、債務者に対して書面で明らかにされた債務免除額

○第2グループの貸倒損失（事実上の貸倒れ）

(1) 債務者の資産状況、支払能力等からみてその全額が回収できないことが明らかになった場合で

(2) その金銭債権について担保物があるときは、その担保物を処分した後であれば

(3) その明らかになった事業年度で貸倒れとして損金経理をすることができる。

○第3グループの貸倒損失

取引を停止後、１年以上が経過した場合。

遠方の取引先等で、旅費を使って集金に行っても、もとが取れないような場合。

○貸倒引当金の繰り入れ

個別評価金銭債権に対する貸倒引当金

一括評価金銭債権に対する貸倒引当金

7章

ズバリ！税金を払わない方法

ホントは怖い税務調査。断ったら懲役刑!?

税理士「あっ、社長、税理士の●●です。実は、今、△△税務署から来月の7日に税務調査にうかがいたいということで電話がありまして、社長、来月の7日っていかがですか？何かもう予定入ってます？……社長？聞こえてます？ネェ、シャッチョー！」

社長「……あぁ、先生、スイマセン。一瞬、気ィ失ってました。……そうですか、ついに来ましたか。えーと、来月の7日……でしたっけ？それって、もう変えられないんですよねぇ？」

税理士「いえ、いえ、ご都合が悪ければ遠慮なくおっしゃってください。日程は私が署の方とすり合わせしますから。それで、いつ頃だったらよろしいですか？」

社長「そうですか。じゃあ、お言葉に甘えて、3年後ぐらいだったら、何とか……」

税理士「社長！」

ついに来るべきものが来たという感じの「税務調査」ですが、まぁ、いやでも何でも、数年に一度はやって来るものと覚悟しておかなきゃいけないのが税務調査です。

しかも、ある日突然、やって来ます。そのうえ、一度やって来たからって「じゃあ、次は3

年後、また、おうかがいしますので」なんてことにはならない。2回目もいつになるかはわかりません。だから、そのうち「来る」ということは頭ではわかっていても、いざ、来るとなったら、ビックリもするし、イヤ～な気分にもなるのが税務調査です。

さて、一口に税務調査といっても調査の種類は、裁判所の令状に基づいて行われる「強制調査」いわゆる〝査察〟と、「任意調査」のふたつに分かれます。「任意調査」はさらに「一般調査」「現況調査」「反面調査」などに分かれますけど、普通に「税務調査」といえば、その会社の帳簿書類を調べて、申告書の内容が適正かどうかをチェックする「一般調査」のことをいいます。

ちなみに、「現況調査」っていうのは、事前通知なしに抜打ちで行われる調査のこと。「反面調査」は、調査しようとする会社の取引先だとか取引銀行を調査するものです。まぁ、〝裏取り〟調査ですね。

で、この「任意調査」、任意といっても、会社の都合で断っていいわけじゃありません。断ったら、手が後ろにまわります。「エーッ！　ウッソー!?」って思いました？

でも、法人税法の第162条には税務署の職員の質問に対して「答弁せず若しくは偽りの答弁をし、又はこれらの規定による検査を拒み、妨げ若しくは忌避した者は1年以下の懲役又は20万円以下の罰金に処する」って書いてあるんです。

なんかスゴイでしょ？　まぁ、税務調査断ったからって、刑務所に入れられたっていう人の話は聞いたことありませんけど、一応、法律上はそうなってます。

「申告是認」か「修正」か、はたまた「泣き寝入り」か

で、この税務調査、パチンコ屋さんなんかの現金商売のところには事前通知なしでやってくることもありますけど、普通は、まぁ、事前に管轄の税務署から、担当の税理士のところに「何日ごろ、調査にうかがいたいんですが」って電話が入ります。で、電話を受けた税理士が顧問先の社長のスケジュールを確認したうえで、最終的に調査の日取りを決めます。

次に、調査の数日前ぐらいに、税理士はその調査の対象になる顧問先の会社に行って、色々と「準備しておくものはこういうもので」とか「こういう風に調査は進みますから」なんてことを説明します。もちろん、これは税理士さん次第ですけどね。電話で指示だけして、後は「まぁ、そんなに心配することないですよ、ガハハハ」って先生もいるみたいですから……。

で、調査当日です。調査開始は大体、朝の10時から。その前に税理士は顧問先の会社に行って、事前の打ち合わせの時にお願いしておいた帳簿書類なんかがちゃんとそろっているかどうかをチェックします。

そうこうしているうちに約束の10時少し前に税務署の調査官がやってきます。調査官は会社

の規模や調査の内容などによって様々ですが、まぁ、規模の小さな会社であれば、普通、ひとりからふたり、日程も1日~2日といったところが多いようです。

最初に型通りのあいさつがあって、次は、大体、社長に対して会社の概要についての説明が求められます。創業が何年で、会社のやっている仕事はこういうことで、取引先は何件ぐらい、同業者とはこういうところがちょっと違う特殊なところでして――なんて話ですね。

で、後は実務上の細かい数字の話が中心となりますから、まぁ、経理担当者、小さな会社だと社長の奥さんがその役目をしていることが多いですが、その担当者と税理士とで税務署の相手をしていくことになります。だから、社長は最初の会社概要の説明が終わったら、調査の行われている部屋から出て行って、後は仕事に出かけることが多いですね。

それからは、調査官が帳簿類を見ながら、いろいろ質問したり、資料を持ってこさせたりということが続いて、大体、夕方4時から5時ぐらいには調査は終わります。

で、仮に調査が1日で終わりなら、その時点で問題点の指摘があったり、そうでなければ、いったんその日に調べたものを署に持って帰って、後日、その調査結果でこういう問題点が出てきましてみたいな話になります。

さて、調査の結果は次の3つに分かれます。ひとつは「申告是認」。申告内容に問題なしというやつです。ただし、圧倒的に数は少ない。調査は普通、3年間分さかのぼって会社の帳簿を調べますから、その間、1個も間違いがないってことは、まぁ、ちょっとむずかしい。それに、調査官の方だって「申告是認」ってことになれば、税務署での立場がありませんから、必死になって〝マチガイ探し〟をしてきます。

2番目は「修正申告」。税務署の指摘した問題が、完全に会社側の落ち度で、もう言い訳したって始まらないってことであれば、普通「修正申告」ってことになります。もちろん、税金の追加払いとセットです。

「修正申告」は税務署側の指摘した間違いに対して会社側が「間違いありません」と言って、確定申告と同様に社長自身が署名押印して提出します。つまりは〝納税者〟の意思に基づく申告書の再提出です。なので、いったん修正申告書を提出したら、後から「いや、ヤッパリ納得いかないから、もう1回調べてくれ」って文句は言えません。

じゃあ、税務署が言ってきた問題点に会社側が納得できなかった場合、つまり「修正申告はいたしません」っていう場合はどうなるかというと、この場合は、税務署側が「更生」をします。これが3つ目です。

つまり、前回の申告では会社側はこういう処理をしているが、それは税務上、誤りであるから、こういう風にしなさいと。で、その結果、税金がこれだけ不足になるから速やかに払いなさいっていうのが「更正」です。会社側が自ら誤りを認めないから、税務署側が「こうせい、あせい」って言ってくる。だから、「更正」……っていうわけじゃないですけど。

で、税務署から「更正」されたら、後はもう、〝泣き寝入り〟しかないかというと、そんなことはなくて、「裁判に訴えてやる！」ってこともできます。ただし、裁判所に行きつくまでには順番があって、先ず、その「更正」をした税務署に「異議申し立て」っていうのをしなきゃいけません。会社側が納得できない「更正」をやったその張本人に「異議あり！」ってやるわけですから、まぁ、認められませんわねぇ、普通に考えて。

で、その次は「国税不服審判所」っていうところに「審査請求」っていうのをします。「国税不服審判所」って、本部の他に全国に12の支部と７つの支所があって、建前は税務署や国税局から独立した第三者の立場ってことになってますけど、実際は、ほとんどが税務署とか国税局からの出向者ばかりの組織ですから、タックス・ペイヤーからすれば何ともやりにくい相手ではあります。その証拠に、この「審査請求」で〝納税者〟側の主張が認められた割合って、平成20年度でたったの15％（！）しかありません。

で、以上２つのステップを乗り越えてようやく、裁判です。ン――、これじゃあ、普通、多少の不満があってもガマンしますわねぇ。

「じゃあ、ほとんど泣き寝入りじゃん？」って、……確かに。

知られざる税務署の内側。敵の正体をガッツリつかむ

さて、税務調査の話が出たところで、その調査はもちろん、法人税の申告書を提出したり、税務相談に行ったりと、日頃、会社とフカ～ク関係しているのが全国津々浦々にある税務署です。

ということで、ここではその税務署の内側をちょっとばかりのぞいてみたいと思います。税務署の数は現在、全国に約500ヶ所以上。そのすぐ上の組織が国税局で、こちらは全国に12ヶ所。さらにその上にあるのが国税庁です。

税務署の内部は個人課税部門、資産課税部門、法人課税部門という様に分かれていて、法人課税部門はさらに、1部門、2部門……というように、それぞれ消費税を担当する部門、源泉所得税を担当する部門、業種別に会社を担当する一般部門などに分かれています。あと、問題企業を取り扱う〝特別調査部門〟なんていうのもあります。

で、税務署で一番エライ人は税務署長、その下に複数の副署長がいます。そして各課税部門ごとに管理者である統括調査官がいて、その下に上席調査官、さらにその下に一般の調査官、事務官と続きます。

他には特別国税調査官（通称は、特官）なんていうのもいます。まぁ、ちょっと大型で、複

雑な案件に専門に取り組む調査官ですね。

税務署に就職すると最初は事務官からスタートです。次が20代後半で調査官、30代半ばで上席調査官、40代で統括調査官という順序で出世していきます。もちろん、順調にいけばの話ですが。

で、普通、会社の税務調査にやって来るのは、一般の調査官と上席調査官です。統括調査官が自ら調査に赴くことはあまりありません。

次に、税務調査にやって来る調査官たちはどうやって、日頃、会社や個人事業者などの情報を集めているのかっていう話です。これには、様々なルートがありますけど、先ずは、「法定資料」です。「法定資料」って給与の源泉徴収票、不動産の使用料、報酬の支払調書などのことで、法律でもって会社に提出が義務付けられているものです。

それから、２番目が「実地調査資料」。税務調査の時、調査官はその会社だけじゃなくて、取引先の住所だとか取引金額なんかの情報もしっかりメモして、後日の調査に役立てています。

３番目は内部告発とか第三者の通報、早い話がタレコミですね。まわりにいませんか？恨みをかってる人とか、ツライ思いをさせた人とか？　気をつけてください。

後は、週刊誌や雑誌、インターネット上の情報なんていうのもあります。ＴＶで評判のアノ店、コノ店みたいなやつには税務署も注目してるってことですね。

それから、「銀行調査」による情報収集もあります。調査官が銀行に赴いて、色々、調べるわけですね、会社の入金状況とか預金の状況なんかを。銀行は税務署からそういう要請があったら断れないようになってます。

他には「内偵調査」っていうのもあって、これは調査官が、実際に、客としてお店とかに入って、色々調べるわけです。自分が注文したものの伝票にわかんないようにマークつけといて、後で、実際に調査に入った時にチェックするとかね。

何だか、スパイ大作戦みたいですけど、お店に、ちょっと目つきの悪い人が入ってきたら注意した方がいいかも知れません。まぁ、「あなた、税務署の人?」って聞くわけにもいきませんけどね。

割に合わない企みは、こうしてバレていく

できることなら、税金は誰だって払いたくない。それはそうです。でも、法律で決まっている以上、払わないわけにはいきません。だから、普通の人は、少しでも税金が〝安くなる〟方の「節税」を一生懸命考えるんですけど、中には、そんなのメンドウくさい、税金が安くなるなら「脱税だって、ナンだってやるぜ」みたいな人がいるから困ります。

で、この「脱税」、大きく分けて方法はふたつしかありません。法人税は会社の「利益」に

対してかけられる税金ですから、その税金を安くしようと思ったら「利益」を小さくするしかないわけです。で、利益を小さくするためには、(1)売上を小さくするか、(2)費用を大きくするか、のふたつしかありません。これまで、実際に行われてきた涙ぐましい脱税努力も、それがどれだけ表面上複雑な〝シカケ〟を施したものであれ、結局は、このふたつのうちどちらかに分類されてしまいます。

で、先ず、(1)の売上を小さくする方ですが、一般的には「売上を抜く」っていわれるやり方です。売上も相手が事業者であったり「住宅」や「クルマ」の様に、金額の〝張る〟ものであれば相手の特定が比較的容易ですから、これを「なかったこと」にするのは簡単ではありません。それから、代金の受取が振り込みや小切手っていう場合も、いったんお金は銀行口座を通過しますから、これもごまかすのは大変です。

ということで、これを逆から見ると、売上の相手が不特定多数の一般消費者で、受取が「現金」であれば、まぁ、少しぐらい抜いたって現実問題として先ずわかりません。

業種でいうと、飲食業やサービス業です。飲食業の方は仕入がありますけど、小売業みたいに売上と仕入が1対1になっているわけじゃありませんから、よほど売上を抜かない限り、これもわからない。サービス業の方はもともと仕入のない商売ですから、まぁ、バレようがない。

ただし、現金商売でも、レジを通している場合は事情が違って来ます。レジを通すのは本来、売上を正確に把握するためです。ちゃんとレジペーパーに記録が残りますから。ですから、これをごまかそうと思えば、やっちゃいけない〝努力〟をやらないといけない。たとえば、売上10件のうち1件はレジを打たずに現金だけをポンとレジの中に入れて、閉店後、その分だけ別のところにしまい込むとかね。

だからって、これ、不正行為をすすめているわけじゃありませんからね。ゼッ〜タイやっちゃダメですよ。犯罪ですからね、コレ。

たとえば、飲食業だと、仕入れた箸の本数や使ったオシボリの数から、不正がバレるってことがあります。さっきも言いましたけど、税務署の職員が客になりすまして食事をして、それが会社の帳簿にちゃんと正しく記録されているかどうか調査時にチェックされるってこともあります。それと意外に多いのが「内部告発」です。従業員はちゃんと見てるってことです。「うちの社長ったら、あんな事やって。ユルセナイッ！」っていう〝義憤〟にかられてやる人、個人的な〝ウラミツラミ〟でやる人、まぁ、原因は様々でしょうけど。

つい、うっかり1回だけ売上もれてましたっていうなら、罪は軽いですけど、組織的、計画的ってことがわかったら、タダじゃすみません。税務でいうところの「仮装隠蔽（カソウインペイ）」です。故意に事実を偽った、隠したということになります。

そういう場合は「重加算税」っていうオモ〜イ税金が課せられます。たとえば、売上を年間で300万円ごまかしてましたっていう場合は、その増えた売上にかかる法人税が税率30％で90万円、さらに「重加算税」がその増えた税金の35％ですから約31万円、合わせて120万円ちょいです。それに延滞税っていって支払いが遅れたことに対する税金がプラスされ、さらにこれに地方税も加わりますから、決して割の合う話じゃありません。

「脱税」な人生の結末。使えない大金はながめて暮らす？

売上はなかなかごまかすのがむずかしいっていうんで、じゃあ、「費用」を増やしゃあいいかって思われたかも知れませんけど、こっちは、もっと大変です。

売上の相手は「不特定多数の一般消費者」ってことはありますけど、仕入の方は、まぁ、そうはいきません。どこの誰だかわかんない人に仕入代金払いました、経費払いましたなんてことはあり得ませんから。まぁ、アルバイトを多く使うようなところだと、いわゆる架空人件費っていうのがあるかも知れませんけど、これも電話一本入れられたら大体終わりです。

領収書の改ざんっていうのもありますね、「3」を「8」に書き換えるとかね。後、飲み屋で白紙の領収書もらうとかもありますね。でも、まぁ、これもたかが知れてるし、確認とられたら大体アウトでしょ。

在庫をかかえる商売だと、期末の在庫を減らすってことはあります。そうすると、売上原価がふくらみますから、自動的に利益が減るということになります。

でも、これはかなりむずかしい。先ず、原価率が前期と違って来ます。同じ商品を扱ってる限り、そんなに原価率が違うってことは、普通ありえませんし、税務署が何に注目するかといったら、前期と比較して「率」や「金額」が大きく違っている部分です。これだけでもかなりキケンです。それに加えて、過小評価した期末在庫は翌年の費用になりますから、逆に、翌年は費用が減って、利益が増えると。そうすると、それを隠すためにまた期末在庫を扱わなきゃいけないいってことになって、もう、止めどなく〝不正行為〟を繰り返して行かなきゃいけないことになります。結構、ツライですよ、コレ。

ということで、まぁ、この本は別に「脱税指南書」じゃないですから、これ以上の話はやめときますけど、要は、脱税って、たとえば、さっきの飲食業みたいに、チョロチョロって現金ごまかされたら、そりゃ、現実問題としてわかりません。でも、そうじゃなけりゃ、結構、わかっちゃうもんですよ。なぜかって、ツジツマが合わなくなるからです。

売上減らしたら、じゃあ、その現金どこに持って行くかって問題になります。こちらの売上は相手にとっては費用とか資産ですから、これは相手は絶対、計上しますからね。相手んとこ行きゃわかりますわねぇ。

費用もそう、相手がありますから。だから、税務署は「反面調査」をやるわけです。

それと、ここが一番、大事なところかもしれませんけど、まぁ、運よく「脱税」がずっと、バレなかったとします。そうすると、裏口座にお金が貯まってきますね。で、ちょっと大きな買い物したくなるわけですよ、そうなると。マンションとかね。でも、そういう場合は購入してから、数か月後に税務署から購入資金等についての「お尋ね文書」が送られてくることがあります。住宅の購入価格とか支払方法、どこから購入したか、購入資金はどう調達したか、前年の所得金額はどうだったか、などなど。

まぁ、他のものだって、派手に使えば思わぬところからもれたりするもんなんですね、これが。会社の税務調査の時に、社長の腕にはめてあるブランド品の時計から「アレッ？　この社長、そんなに給料もらってたっけ？」なんて疑われたりね。相続の時は、株やら宝石やら「ナンデ、そんなものが買えたの？」っていうのがボロボロ出てきたりとかね。相続の時って、5年ぐらいさかのぼって通帳調べられますから。

結構、〝掘り出し物〟が出てきます。あっ、もちろん、税務署にとっての〝掘り出し物〟ですけどね。

はたして「税金天国」はあるのか、ないのか？

さて、本書の最後は、「税金を払わない方法」です。といっても、何か怪しげなお話をしようっていうんじゃありません。怪しげな話したら、私自身の身が危うくなりますから。いえ、何も命狙われるっていうんじゃなくて、「資格」はく奪されるっていうことです、税理士としての。

で、「税金を払わない方法」で一番簡単なのは、会社を赤字にすることです。そしたら、法人税払わなくて済みます。現に、この本の最初の方でお話ししましたけど、日本の会社の7割が、赤字で税金払っていません。まぁ、もっとも、赤字でも地方税の「均等割り」っていって、事務所や工場なんかがある限り払い続けなくちゃいけない税金が、年間7万円ぐらい発生しますけどね。

それはともかく、赤字だったら、普通、会社はツブれます。でも、日本の会社の7割が赤字っていうことは、まぁ、何とか苦しいながらも、多くの会社が持ちこたえてるわけですね。

なぜか？　会社が赤字でもツブれないのは、「お金」があるからです。「お金」がある限り、会社は赤字でも何とかかんとかやっていけます。でも、赤字って普通、入ってくるよりも、出ていくお金が多いわけですから、「お金」が続くわけないんですね。でも、続くわけない「お金」が続いているのは？　そう「借金」があるからです。言い方変えると「借金」できるからです。

「借金」の相手は、銀行の場合もあれば、社長自身からの借入って場合もあるでしょう。銀行の場合はシンドイですね、待ったなしですから。まぁ、リスケ（返済猶予のこと）っていう手もありますけど、何れにしろ、ギリギリの状態です。何かひとつ狂ったら、全部イカれるみたいなね。

その点、社長からの借入金は気が楽です、会社は。社長は貸してる方ですから大変でしょうけど。会社は社長からお金借りてたって、利息払う必要はありません。会社の目的は「利益の最大化」ですから、費用たてないで済むんなら、たてないに越したことはないっていうのが税務の基本的な考え方です。

一方の社長はどうかっていうと、こっちは「お金」貸してる方ですから、本当だったら、受取利息っていう収入たてなきゃいけないんですけど、まぁ、普通はたてない。会社と違って、社長という「個人」は、経済行為ばかりやってるわけじゃないと。要は、「金がすべてじゃないっ！」っていうのが「個人」である社長のスタンスなんですね。

で、今度はその社長の「貸付金」の原資の話です。どっから社長はその「お金」持ってきてるのかっていうことです。まぁ、会社は儲かってないけど、社長は「個人資産」タンマリ持ってるっていうことはあります。先祖伝来の土地を切り売りして、なんとか会社、持ちこたえさせてるとかね。それと、多いのが役員報酬を一応、会社から取るんだけど、それを生活資金だけ残して、ほとんど会社にバックしてるってケースですね。だから、実質、従業員と変わらないような給料しかもらっていない社長って多いです。
「税金を払わない」っていう話で必ずといっていいほど出てくるのが、銀行です。「大銀行は本業で大儲けしながら、法人税を何年間も払っていない。これこそ大企業優遇のゆがんだ税制ではないか!」といった話を時々聞きます。

まぁ、心情的にはわかりますけど、これ、大企業優遇のゆがんだ税制でもなんでもなくて、単に法人税の「繰越欠損金制度」を使っているだけの話です。

会社は「利益」が出れば法人税を払わなくちゃいけませんけど、赤字が出たらそれを翌年以降に繰り越すことができます。繰り越せる期間は7年間です。だから、ある事業年度に赤字を1億円出したとしたら、翌期以降、黒字を出しても、7年間はその赤字の1億円と黒字を相殺して「所得金額」ゼロ、即ち税金ゼロで申告書を提出することができます。

大銀行もそれと同じリクツです。不良債権の処理で大量の赤字出したから、それを後の期の黒字と相殺しているだけの話です。「繰越欠損金制度」は大銀行はもちろん、規模の小さな町工場や商店でもどこでも使えます。

それから、本業では大儲けしていても、銀行借入れでスキー場などの不動産にドカッと投資して、払った利息で黒字を帳消しにして、結局、法人税を払わないっていう会社が、かつてありました。２００６年に解散したコクドという会社です。

でも、あの会社は非上場会社でしたから、会社名義の不動産はすべて会社の株の評価にそのまま反映されることになるわけで、あのまま会社が何事もなく続いていたら、相続の時にはとんでもないことになっていたかもしれません。まぁ、それもあっていろんな人に株を小分けしてたんでしょうけどね。いくら法人税払わなくていいからって、相続税でガバッと持っていかれては、何のための「節税策」だったかわからなくなります。

まぁ、いずれにしろ、まともに商売やって「儲け」が出ている以上、当然ながら、税金をゼロにするという方法はありません。税金を安くするためなら、外国だって利用してやるっておっしゃるんなら、タックス・ヘイブンっていうのもありますけどね。

ちなみに、タックス・ヘイブンのヘイブンは「安全な場所、避難所」っていう意味で、普通、日本では「租税回避地」っていわれます。

時々、ヘイブンじゃなくてヘブンって言ってるのを聞きますけど、ヘブンだと「天国」になってしまいます。言葉は似てますけど、意味は全然違います。

まぁ、「税金天国」でも何となく気持ちは伝わりますけどね。いずれにしろ、ご利用なさる場合はくれぐれも自己責任でお願いいたします。

●第７章のポイント

○「税務調査」とは

・「強制調査」いわゆる査察

・「任意調査」一般調査、現況調査、反面調査などに分かれる。

一般調査･･･会社の帳簿書類を調べて、申告書の内容をチェックする

現況調査･･･事前通知なしに抜打ちで行われる調査

反面調査･･･調査会社の取引先や取引銀行に対する調査

○税務調査の後始末には「申告是認」と「修正申告」と「更正」がある。

○税務署の組織

税務署のトップは税務署長。その下に複数の副所長がいる。

各課税部門ごとの管理者が統括調査官。その下に上席調査官、さらにその下に一般の調査官、事務官と続く。

他には特別国税調査官（通称は、特官）もいて、大型、複雑な案件に専門に取り組む。

○脱税

脱税の方法には（1）売上を小さくするか、（2）費用を大きくするか、のふたつしかない。

○税金を払わない方法

会社を赤字にすること。

会社が赤字でもツブれないのは、「お金」があるから。

「借金」できる限り会社はツブれない。

あとがき

法人税はむずかしい。確かに、その通りです。複雑な会社取引のすべてをもれなくとらえようとするのが法人税です。会社規模も世界的な大企業から、社長と奥さんのたったふたりだけの会社まで、実に様々な会社があります。そのすべての会社に関わる税金の問題をひとつの法律で処理しようとするのですから、いきおい、そのカバーするところは膨大で複雑なものとなります。そのために、我々税理士の様な専門家がいるとはいえ、経営者自らが、そういった問題に積極的か、まるっきり〝アナタまかせ〟かでは、会社の将来に大きな違いとなって現れてきます。

社長と社長の家族、従業員とその家族、取引先などなど、経営には守るべき大切なものがあります。税金は、あくまで経営の〝結果〟でしかないかも知れませんが、正しい税金の知識があるのとないのとでは大きな違いとなって現れます。

正しい税金の理解は、経営を守ってあげることができる。だからこそ、税理士まかせではなく、経営者自身がそのことに取り組む必要があると思うのです。

さて、私は本書の最初で、法人税を理解しにくくしている「三重苦」についてお話をしました。その先ず最初は、経営者の〝常識〟と税務署の〝常識〟が、真っ向から対立することでした。

・交際費は商売上の人間関係を築くためには欠かせないもの。なのに、なぜ、費用に認めてもらえないの？
・役員報酬は下げてもダメって、ナンデ？　お金ないんだよ！
・タダでものあげても、売上に上げろって、おかしくない？

そういった、様々な？、！の数々についてお話をしました。もちろん、税務のリクツのすべてが、納得のいくものではなかったはずです。でも、基本的な彼らの〝立場〟を少しは理解していただけたんじゃないでしょうか？

次は「専門用語」でした。極力、専門用語の使用は避けたつもりです。それでも、どうしても使わざるを得なかったもの、むしろ、専門用語を使った方が理解が早いと思われる場合だけ専門用語を使いました。

税務の基本を理解されたら、どうぞ、少しずつで結構ですから「専門用語」を覚えていってください。そして、それをあなたの会社の従業員や取引先の社長にやさしく教えてください。きっと、社長は、まわりから一目置かれる存在になれるはずです。

最後は、法人税が「会計」の考えをその計算の基礎としながらも、そこに税法独自の様々な調整を加えたうえで「会計」とは別の利益を計算しなければならないということでした。

さらに、そこには複雑な計算方法や適用要件の説明が加わります。ここはむしろ、専門家でも頭を悩ますところです。ですから、社長はアウトラインの理解だけで十分だということをお話ししました。本書を読み終えて、いかがだったでしょうか？

さらに、社長がもっと法人税について、くわしく知りたいと思われたら、私のホームページ（http://chitax.jp/）をお訪ねください。「すぐわかる！　3分税金講座」というのをやっていますから、必要なところをいつでもクリックしてください。ひとつひとつのテーマについて、より実践的な知識が得られるはずです。

最後になりましたが、本書を出版して下さったあっぷる出版社の北原章氏、企画当初から色々とアドバイスをいただいた有限会社インプルーブの小山睦男氏、さらに色々なご意見、ご感想を聞かせていただいた多くの友人、知人にこの場をお借りして、心よりのお礼を申し上げたいと思います。

ありがとうございました！

著　者

▒プロフィール▒

坂本　千足（さかもと・ちたる）

税理士。昭和28年福岡県生まれ。西南学院大学・商学部卒。平成8年、税理士試験に合格。

税理士としては、これまで、個人商店から上場企業まで幅広い税務申告、税務相談を数多く経験し、特に、中小零細企業を中心に、経理の合理化、節税対策の提案、商品戦略の立案等に力を発揮し、現在に至る。

日々様々な経営者と向かい合う中で、税金、とりわけ法人税をシロウトの方に理解させることがいかに難しいかを実感。必要性を感じて今回、出版を決意するに至る。
◇連絡先：さかもと税理士事務所
〒814-0015　福岡市早良区室見5－7－19　室見ビル401
HP　http://chitax.jp/
ブログ　http://ameblo.jp/sakamotozeirishi
メール　sakamoto.tax-office@jcom.home.ne.jp
電話番号　092-833-6310　FAX　092-833-6320

社長！　あなたの給料、下げちゃダメですよ！

発　行　2011年5月22日第1刷
　　　　2011年6月8日第2刷

定　価　本体1500円＋税
著　者　坂本　千足
編集協力　㈲インプルーブ　小山睦男
発行人　北原　章
発行所　株式会社　あっぷる出版社
〒101－0064　東京都千代田区猿楽町2－5－2
小山ビル2F
TEL　03（3294）3780代表
FAX　03（3294）3784
振替　00150－4－165255
印刷・製本　中央精版印刷株式会社